BIOGRAPHIES ALSACIENNES

ET

PORTRAITS EN PHOTOGRAPHIE

PAR

Ant. MEYER

5ᵐᵉ SÉRIE. — 1ʳᵉ LIVRAISON

Théodore-Renouard de BUSSIERRE.
BERNHEIM, Hippolyte.
STEINER, Ch.-E. — THIERRY-MIEG, Charles.

COLMAR
Ant. MEYER, Éditeur, rue des Clés, 18.
—
1889

COLLABORATEURS

M. Angel INGOLD, directeur. — Mme BECK-BERNARD. — MM. Arthur ENGEL. — G. FISCHBACH. — Ch. GOUTZWILLER. — Ch. GRAD, député. — J. GUERBER, député. — M. HEID. — G. A. HIRN. — Arm. INGOLD. — X. MOSSMANN. — Rod. REUSS. — Ad. SCHÆFFER. — Ch. SCHMIDT. — L'abbé SIMONIS, député, etc., etc.

CONDITIONS D'ABONNEMENT

On s'abonne pour une année.

Chaque livraison est expédiée contre remboursement, pour :

L'Alsace, (6 livr. par an) . . . . fr. 24,—
L'Etranger, » . . . . » 26,—

Les abonnés qui désirent recevoir franco sans remboursement, sont priés d'envoyer le montant de leur abonnement à M. Meyer, en même temps que leur souscription.

BIOGRAPHIES ALSACIENNES

Recueil publié avec la collaboration de

MM. Dr BLEICHER, L. DACHEUX, E. DIETZ, A. DUPRÉ,
CH. GRAD, J. GUERBER, ED. GERSPACH, V. HENRY,
A. HALLER, J. DAGONET, Angel INGOLD,
J.-A. LEBEL, L. LEBLOIS, X. MOSSMANN, Rod. REUSS,
etc., etc.

PHOTOGRAPHIES
par
ANT. MEYER

CINQUIÈME SÉRIE

COLMAR
ANT. MEYER, ÉDITEUR, RUE DES CLEFS, 18
1889–1890

TOUS DROITS RÉSERVÉS

COLMAR
IMPRIMERIE J. B. JUNG & Cie
1890

TABLE

1. De Bussière, Th.-Renouard.
2. Bernheim, Hippolyte.
3. Steiner, Ch.-E.
4. Thierry-Mieg, Charles.
5. De Castex, le général.
6. Henry, Victor.
7. Schützenberger, Paul.
8. Steinbach, Georges.
9. Bæumlin, François-Joseph.
10. Zorn de Bulach, baron.
11. Lehr, Ernest.
12. Willm, Edmond.
13. Brion, Gust.-Adolphe.
14. Gruber, David.
15. De Négrier, général.
16. Stœcklin, Auguste.
17. Hartmann-Metzger, Frédéric.
18. Le Bel, Jos.-Achille.
19. North, Jean.
20. Spitz, François-Charles.
21. Dupré, l'amiral.
22. Moll, Alexandre-Pierre.
23. Petri, Emile.
24. Sieffermann, Docteur.
25. Binger, Capitaine.
26. Fuchs, Edmond.
27. Hubner, Emile.
28. Kreyder, Alexis.
29. Faudel, Charles-Frédéric.
30. Fischbach, Gustave.
31. Kempf, Jean-Jacques.
32. Stæhling, Charles.
33. Chauffour, Marie-Victor.
34. Gunzert, Guillaume.
35. Jænger, Pierre-Paul.
36. Steinheil, Louis-Ch.-Aug.
37. Gros-Hartmann, J.-Edouard.
38. Parmentier, Jacques.
39. Schattenmann, Charles-Henri.
40. Specklin, Daniel.
41. Colmar, Mgr.
42. Musculus, Frédéric-Alphonse.
43. Schilter, Jean.
44. Straus, Isidore.
45. Atthalin, Gaston-Marie.
46. Guthlin, le chanoine.
47. Schmidt, Charles.
48. Zeyss, Fr.-Fréd.-Ernest.

Théodore-Renouard de BUSSIERRE

Théodore Renouard de Bussierre

1802-1865

Le vicomte Théodore Renouard de Bussierre naquit à Strasbourg le 18 juin 1802. Son père, originaire de la Franche-Comté, se fixa à Strasbourg par suite de son mariage avec Mlle Franck, dont le grand-père, Philippe-Jacques Franck, mort en 1780, avait été le 179e Ammeister de Strasbourg. Le jeune Théodore entra de bonne heure dans la diplomatie, et fut successivement attaché aux ambassades de Munich et de Vienne. Mais ses goûts de poète et d'artiste s'accommodaient mal de ce genre d'occupations ; il se mit à voyager, parcourut, en 1827 et 1828, la Turquie, la Palestine, l'Egypte, et quelques années plus tard la Sicile. La Révolution de 1830, qui le trouva secrétaire d'ambassade à Carlsruhe, le détermina à renoncer à la diplomatie, et dès lors sa vie fut exclusivement consacrée à l'étude et aux arts. Il fit plusieurs séjours en Italie et spécialement à Rome, mais ce fut surtout en artiste qu'il la visita. A son retour, il se fixa auprès de ses parents qui habitaient dans la Basse-Alsace le château de Reichshoffen, jadis la propriété de Frédéric de Dietrich, le premier maire de Strasbourg, et devenu célèbre depuis lors à un autre titre encore. C'est là que se fit dans l'esprit et le cœur de Théodore de Bussierre ce grand travail dont le résultat fut de donner à sa vie une direction toute nouvelle. En 1829 il avait épousé Mademoiselle Humann, fille du député de Strasbourg, l'un des plus remarquables financiers de la France moderne et dont le nom restera une des gloires de l'Alsace. Cette alliance le mit naturellement en rapport avec une tante de sa femme, Mademoiselle Louise Humann. Née en 1766, celle-ci avait traversé toute la révolution et aux plus mauvais jours de la Terreur, elle s'était montrée la vaillante auxiliaire de l'abbé Colmar, l'apôtre de Strasbourg et le futur évêque de Mayence. N'ayant pu, à cause de sa santé, rester au couvent où elle était entrée en 1788, elle avait gardé dans le monde toute la piété d'une religieuse, et s'était vouée aux bonnes œuvres et à l'éducation de la jeunesse ; un long séjour en Allemagne l'avait mise en relation avec les principaux écrivains de cette époque, elle connaissait à fond la philosophie allemande, et avec cela elle était humble et simple comme une enfant. Cette femme distinguée avait déjà ramené à la foi le brillant professeur de philosophie devenu l'abbé Bautain ; il était impossible que Théodore de Bussierre, accessible comme il l'était à tout ce qui était noble et généreux, échappât à son influence. Toutefois le travail de sa conversion se fit lentement et sérieusement ; il n'y eut là ni entraînement ni enthousiasme et ce fut seulement le 8 février 1838 que le nouveau converti rentra dans l'Eglise catholique, à laquelle d'ailleurs appartenait son père. Déjà en 1836 ou 1837, il avait prêté son nom à M. Bautain pour la publication d'une brochure où était revendiquée avec force la liberté d'enseignement. A partir de sa conversion il devint un apôtre ; il ramena à l'Eglise lord Fulleston et le prince de W. ; on sait la part qu'il eut à la célèbre conversion d'Alphonse Ratisbonne, bien d'autres encore éprouvèrent les effets de son zèle. Il consacra également sa plume à la défense de sa foi et publia divers ouvrages de controverse, d'hagiographie et d'histoire politique et religieuse ; le plus marquant est incontestablement l'*Histoire de l'établissement et du développement du protestantisme à Strasbourg et en Alsace*, où il s'est attaché à faire la contrepartie du travail de Rœhrich. Il eut la bonne fortune de pouvoir utiliser pour son travail une foule de documents dispersés aujourd'hui, ou même détruits dans l'incendie de la Bibliothèque de Strasbourg. M. Spach se plaît à reconnaître combien ses recherches furent consciencieuses, et s'il le trouve trop sévère et partial même dans ses appréciations, nous ne devons pas oublier que M. Spach se plaçait au point de vue protestant, tandis que M. de Bussierre écrivait avec toutes les ardeurs d'un néophyte. Les bornes de cette notice ne nous permettent pas d'énumérer les nombreuses et brillantes relations que Théodore de Bussierre entretint dans le monde des lettres et des arts aussi bien que dans la plus haute société de France et d'Italie. Il possédait le don si rare de nos jours de savoir causer, sa piété qui n'avait rien d'austère s'alliait à la gaieté; il répandait l'entrain autour de lui, aussi les jeunes comme les vieux le recherchaient-ils dans les sociétés qu'il charmait par sa conversation semée d'anecdotes racontées avec infiniment d'esprit et accompagnées de réflexions originales, jamais malveillantes. Les dernières années de sa vie s'écoulèrent à Reichshoffen où il mourut le 21 janvier 1865.

L. D.

Nous donnons ici la liste des principaux ouvrages de M. de Bussierre :

I. Lettres sur l'Orient (1827 et 1828). Strasbourg, Levrault, 1829. — 2 vol. in-8° avec cartes et atlas in-folio.
II. Voyage en Sicile. — Paris 1836, in-8°.
III. L'enfant de Marie. — Avignon, Seguin, 1842, in-18. — Récit de la conversion de M. Alph. Ratisbonne. — Autres éditions : Paris, Vrayet de Surcy, 1842. — Sagnier et Bray, 1854. — Id., 1850. — Id., 1855. — Id., 1859.

IV. Histoire de sainte Odile. — Paris, 1842, in-18. Plancy, 1853, in-12.
V. La foi de nos pères. — Paris, Poussielgue-Rusand, 1844.
VI. Les sept basiliques de Rome. — Paris, Lecoffié, 1845, in-8°.
VII. Vie de sainte Françoise Romaine. — Paris, Gaumé, 1848, in-8°.
VIII. Histoire de sainte Radegonde. — Plancy, 1849, in-8°. — Paris, Pelagaud, S. A , in-12. — Paris, 1864, in-12.
IX. Histoire de saint Vincent de Paul. — Paris, Saint-Victor, 1850, 2 vol. in-8°. — Putois-Cretté, 1861, 2 vol in-18.
X. Histoire de la guerre des Paysans. — Plancy, 1852, 2 vol. in-8°.
XI. Les Anabaptistes. — Plancy, 1853, in-8°.
XII. Les œuvres de sainte Catherine de Gênes. — Plancy, 1854, in-8°. — Putois-Cretté, 1860.
XIII. Histoire du schisme portugais dans les Indes. — Paris, Lecoffié, 1854, in-18.
XIV. Histoire de l'établissement du protestantisme à Strasbourg et en Alsace. — Paris, Vaton, 1856, in-8°.
XV. Histoire du développement du protestantisme à Strasbourg et en Alsace (1528-1604). — Strasbourg, Leroux, 1859, 2 vol. in-8°.
XVI. Histoire des religieuses dominicaines du couvent de Sainte-Marguerite et Sainte-Agnès à Strasbourg, — Strasbourg, Leroux, 1860. — Paris, Poussielgue-Rusand, 1862.
XVII. Culte et pélerinages de la Très-Sainte Vierge en Alsace. — Paris, Plon, 1862, in-8°.
XVIII. L'Empire mexicain. — Paris, Plon, 1863, in-8°.
XIX. Le Pérou et Ste-Rose de Lima. — Paris, Plon, 1863, in-8°.
XX. Fleurs dominicaines ou les mystiques d'Unterlinden à Colmar. — Paris, Poussielgue-Rusand, 1864, in-18.

ANT. MEYER, PHOTOG. COLMAR   DÉPOSÉ

HIPPOLYTE BERNHEIM

BERNHEIM, HIPPOLYTE

EST né à Mulhouse, le 27 avril 1840. Après avoir fait ses études classiques au collège de sa ville natale, et avoir passé ses examens de baccalauréat ès-lettres et ès-sciences, il entra à la Faculté de médecine de Strasbourg. Son internat dans les hôpitaux de cette ville et un séjour de deux ans à Paris complétèrent son éducation médicale. Le 21 janvier 1867, il passait sa thèse de doctorat. Le 27 octobre 1869, il fut nommé, au concours, agrégé à la Faculté de Strasbourg; mais avant de commencer son enseignement, il alla suivre pendant un semestre les cours de l'Université de Berlin, où il fréquenta surtout la clinique de Traube et l'institut anatomo-pathologique de Virchow.

Lorsqu'éclata la guerre de 1870-71, M. Bernheim fut attaché aux ambulances de Haguenau où il soigna les blessés de Frœschwiller; puis il entra comme chirurgien en chef adjoint dans la neuvième ambulance lyonnaise et concourut à l'organisation des ambulances de Nuits et de Dijon.

Quand la Faculté française de Strasbourg fut transférée à Nancy, M. Bernheim l'y suivit en qualité d'agrégé. Il suppléa le professeur Hirtz à la chaire de clinique médicale, depuis 1873 jusqu'à la mort de son maître. Enfin, un arrêté du 12 août 1878 lui donna sa succession, dont il jouit aujourd'hui encore.

M. Bernheim a beaucoup écrit dans les divers journaux et recueils de médecine. Il est collaborateur de la *Revue médicale de l'Est*, de la *Revue de l'Hypnotisme*, de la *Revue générale de clinique et de thérapeutique*, du *Dictionnaire encyclopédique des sciences médicales*. Ses deux principaux ouvrages sont ses *Leçons de clinique médicale* (1876, Baillière et Berger-Levrault) et *De la suggestion et de ses applications à la thérapeutique* (O. Doin, Paris 1888). Le premier de ces volumes, qui a été traduit en italien, traite particulièrement de la pneumonie, de la fièvre typhoïde, des affections du cœur, des complications pulmonaires, du rhumatisme articulaire, etc. La première partie du second a paru en 1884 sous le titre de : *La suggestion dans l'état hypnotique et dans l'état de veille*. L'ouvrage entier a paru en 1886. Une seconde édition, revue et augmentée, a suivi la première en 1888. Il a été traduit en espagnol, en allemand, en anglais et en russe. Ce livre a fait date dans l'histoire de l'hypnotisme; avec lui était fondée l'école hypnotique de Nancy, que l'on oppose généralement à l'école de la Salpêtrière. Il montra les phénomènes sous un jour tout nouveau, et inspira les ouvrages de M. Beaunis et de M. Liégeois qui envisagèrent la question plus spécialement, l'un au point de vue physiologique, l'autre au point de vue juridique.

Il convient, pour mieux faire apprécier la valeur des découvertes de M. Bernheim, d'établir la différence fondamentale des deux écoles rivales. La Salpêtrière enseigne que le nombre des sujets hypnotisables est très restreint; on les trouverait parmi les névropathes et les hystériques seuls. L'état hypnotique ne serait en réalité qu'une névrose analogue à l'hystérie et caractérisée par trois phases, la léthargie, la catalepsie, le somnambulisme. Il faudrait des pratiques spéciales pour faire passer le sujet de l'une de ces phases à l'autre. L'ouverture des yeux du sujet en léthargie le fait, par exemple, passer en catalepsie; la friction du sommet de la tête le met en somnambulisme;

l'aimant placé sur une partie du corps, transfère de son côté les phénomènes de contraction ou de paralysie produits de l'autre côté. En un mot, pour l'école de la Salpêtrière, l'hypnotisme créerait une maladie nerveuse artificielle; elle n'en tire aucune application thérapeutique.

Pour l'école de Nancy, le nombre des sujets hypnotisables est infiniment plus grand qu'on ne le pense à la Salpêtrière. « Ce qui frappe toujours d'étonnement, dit M. Bernheim, les confrères qui nous font l'honneur de venir à notre clinique, c'est la singulière facilité avec laquelle on peut hypnotiser l'immense majorité des sujets de tout âge, de tout sexe, de tout tempérament. Ils s'imaginent que l'état hypnotique est l'apanage exclusif de quelques rares névropathes, et ils voient maintenant tomber successivement sous l'empire de la suggestion tous ou presque tous les malades d'une salle. — « Comment, disent-ils, a-t-on pu passer pendant des siècles à côté de cette vérité si aisée à démontrer, sans la découvrir? » L'école de Nancy prouve que l'hypnose ne crée pas une maladie nerveuse; que ses phénomènes n'ont aucun rapport avec l'hystérie; qu'ils ne sont en réalité que ceux du sommeil naturel. « Les mêmes phénomènes, dit encore M. Bernheim, peuvent être déterminés chez les sujets avec lesquels on réussit à se mettre en relation dans leur sommeil naturel : même attitude passive, dite catalepsie, mêmes mouvements automatiques, mêmes illusions, mêmes hallucinations actives ou passives. Les hallucinations ne sont que des rêves suggérés; les rêves ne sont que des hallucinations spontanées... Non! le sommeil hypnotique n'est pas un sommeil pathologique. Non! l'état hypnotique n'est pas une névrose analogue à l'hystérie. Sans doute on peut créer chez les hypnotisés les manifestations de l'hystérie, on peut développer chez eux une vraie névrose hypnotique. Mais ces manifestations ne sont pas dues à l'hypnose; elles sont dues à la suggestion de l'opérateur ou quelquefois à l'auto-suggestion d'un sujet particulièrement impressionable, dont l'imagination, frappée par l'idée du magnétisme, crée ces désordres fonctionnels, qu'une suggestion calmante pourra toujours réprimer. Les prétendus phénomènes de l'hypnose ne sont que des phénomènes psychiques; la catalepsie, le transfert, la contracture, les trois phases de la Salpétrière, etc., sont des effets de suggestion. Constater que la très grande majorité des sujets est suggestable, c'est éliminer l'idée de névrose ! A moins d'admettre que la névrose est universelle, que le mot hystérie est synonyme d'impressionnabilité nerveuse à un degré quelconque ! Et comme nous avons tous des nerfs et que c'est une propriété des nerfs d'être impressionnables, nous serions tous des hystériques ! »

Enfin, c'est l'école de Nancy qui plaçant l'étude de l'hypnotisme sur sa véritable base, la suggestion, en a créé l'application la plus utile, la plus féconde: la thérapeutique suggestive. M. Bernheim a été le premier qui ait suivi M. Liebault dans cette voie; il est le premier qui ait introduit cette méthode dans l'enseignement officiel. De nombreux médecins de tous pays, belges, anglais, américains, suisses, allemands, sont venus s'instruire à l'école de Nancy, pour vulgariser dans le monde entier la méthode nouvelle. « L'évidence des faits, dit M. Bernheim, finira par s'imposer aux plus récalcitrants, et la thérapeutique suggestive acceptée et pratiquée par tous, sera une des plus belles conquêtes de la médecine contemporaine. »

ANT. MEYER, PHOTOG. COLMAR   DÉPOSÉ

STEINER, Charles-Émile

STEINER, CHARLES-ÉMILE

AQUIT à Strasbourg le 14 février 1814, au moment même où le premier coup de canon était tiré par les alliés sur la ville investie. Il était fils de Charles-Chrétien Steiner, alors négociant en grains à Strasbourg, et qui un an plus tard rentra à Ribeauvillé pour prendre l'exploitation du moulin paternel. Ce fut à Ribeauvillé que Charles Steiner fit ses premières études, sous deux maîtres dont la génération d'alors a gardé le souvenir : M. Ortlieb, dit le Volkslehrer, et M. Schreiner, disciple de Pestalozzi. Il les continua au Lycée de Strasbourg, se consacrant plus spécialement à l'étude des sciences physique et chimique. En 1830, il devint, sur la recommandation de son professeur, préparateur du cours de M. Chevreul, aux Gobelins et au Jardin des Plantes.

En 1831, il fut appelé en Angleterre par son oncle, M. Frédéric Steiner, pour mettre en pratique un procédé de teinture des tissus de coton en rouge andrinople, que ce dernier avait conçu, et qui devait, en affranchissant l'Angleterre d'un tribut qu'elle payait à l'étranger pour la teinture de ses tissus en rouge andrinople, devenir pour l'inventeur une source de bénéfices énormes. La teinture en rouge andrinople exigeait alors l'exposition au grand air et au soleil, conditions qu'on ne pouvait pas réaliser sous le climat de l'Angleterre. D'autre part le grand marché du rouge andrinople étant l'Inde anglaise, les négociants anglais étaient obligés, bon gré mal gré, d'envoyer leurs tissus pour être teints, en Suisse ou dans le Wiesenthal, et de les rentrer à grands frais en Angleterre, qui était alors prohibitioniste à outrance.

Le procédé Steiner permit de faire usage du rouge sans exposition sur pré et sans le concours du soleil. Il est resté le procédé le plus sûr et le plus rationnel, tant qu'on en fut réduit à l'emploi de la garance comme colorant. Ch. Steiner fut le collaborateur de son oncle, pour la fondation de l'établissement de Church, l'un des plus considérables du Lancashire, et il en conserva la direction jusqu'en 1839.

Mais il n'avait pas pu oublier son pays natal, ni les affections qu'il y avait laissées. Pris d'une sorte de nostalgie, après huit années, il quitta une position brillante, et revint à Ribeauvillé, où il fonda avec des ressources modestes, un établissement de teinture en rouge; peu après il y ajouta l'impression. Le bon marché et la qualité supérieure de ses produits ne tardèrent pas à assurer au nouvel établissement une marche ascendante rapide.

Charles Steiner avait eu son enfance bercée par les récits de gloire du premier empire; plus tard il s'était épris des libertés anglaises; la fréquentation des proscrits politiques français, que maintes fois il eut l'occasion de secourir en Angleterre, lui avait communiqué des idées républicaines et démocratiques très avancées. Patriote sincère, il rêvait la France grande et libre à la tête des nations. C'était plus qu'il n'en fallait pour en faire un ennemi du gouvernement de Juillet.

Etabli à Ribeauvillé, il ne tarda pas à gagner auprès de ses concitoyens, l'ancienne popularité dont avait été honoré feu son père, maire de la ville et conseiller général jusqu'à sa mort. En 1844 il entra au conseil municipal; en 1847 il organisa à Ribeauvillé la première compagnie de sapeurs-pompiers, celle qui a figuré avec honneur aux fêtes patriotiques de 1848; il poussa à la fondation de caisses de secours mutuels en cas de maladie, etc. En même temps il prenait une part active au mouvement réformiste qui aboutit à la révolution de 1848.

Après le 24 février il fut nommé commissaire cantonal pour le canton de Ribeauvillé, et sut faire respecter la loi tout en respectant la liberté des citoyens. La tourmente se passa sans désordres dans ce canton où la haine des classes était envenimée par les haines religieuses. Lié d'amitié avec les principaux républicains du département, le docteur Jenger, les Chauffour, Yves, Kestner, il fit tous ses efforts pour combattre la réaction représentée par le prince président. Cela lui valut l'honneur d'être, après le 2 décembre 1851, porté par la commission mixte sur la liste de proscription avec plusieurs hommes des plus respectables du département. Ils furent conservés à leurs familles, grâce à M. de Durkheim Montmartin, alors préfet du Haut-Rhin, qui refusa de sanctionner le travail de la commission.

Ces déceptions, la répugnance qu'il éprouvait à prêter serment à un gouvernement qu'il méprisait, firent que Ch. Steiner renonça à la vie publique. Il n'y réapparut qu'une seule fois, en 1858, lorsque sur l'instance de ses amis politiques, il accepta la candidature d'opposition pour le conseil général, qui lui était offerte par des électeurs influents du canton; il échoua contre M. de Buppers, soutenu par toutes les menées d'une administration aux abois.

Rendu à lui-même, Ch. Steiner reporta toute son ardeur et toute son activité sur son industrie, s'attachant à procurer le bien-être à ses collaborateurs et à ses ouvriers.

Il avait obtenu à l'exposition de 1844 une médaille de bronze, à celle de 1849 une médaille d'argent; à l'exposition universelle de Londres, en 1851, où il exposa des dégradations de tons par teinture d'une perfection qui n'avait pas encore été atteinte, il obtint la « Price Medaille ». A l'exposition universelle de Paris en 1855, il présenta l'application des couleurs vapeur sur toile huilée, procédé qui, facilité par les inventions de la science, est aujourd'hui généralement employé, et qui lui valut une médaille d'honneur en or.

En 1862, à l'Exposition universelle de Londres, il exposa des étoffes d'ameublement dans lesquelles se mélangeaient sa science de coloriste et son goût artistique. Il y obtint la médaille « Honoris causa », et fut, le 24 janvier 1863, décoré de la Légion d'honneur par le gouvernement impérial, avec les industriels qui avaient le plus dignement représenté la France à cette exposition.

Lorsqu'en 1854 M. Michel Chevalier organisa une sorte de ligue, pour demander la réforme douanière, Ch. Steiner y adhéra, jugeant que la levée de la prohibition imprimerait une activité nouvelle au travail national et amènerait la vie à bon marché. Il prit chaudement le parti de M. Jean Dollfus dans les discussions auxquelles cette question donna lieu au sein de la Société industrielle de Mulhouse. Il maintint néanmoins toujours le principe d'une protection modérée, mais équitable.

Charles Steiner fut enlevé à l'affection des siens le 19 août 1866. Il avait épousé, en 1840, Mlle H^{tte} Kayser, de Ribeauvillé. Il laissa deux fils, dont l'aîné lui succéda et lui survit seul aujourd'hui.

Charles THIERRY-MIEG

THIERRY-MIEG, Charles

L'ÉCOLE saint-simonnienne avait pris pour devise : « Toutes les institutions sociales doivent avoir pour but l'amélioration du sort moral, physique et intellectuel de la classe la plus nombreuse et la plus pauvre. » Si cette formule, dont on peut contester la justesse, mais dont on doit reconnaître la noblesse, est devenue une réalité pratique, c'est assurément dans la Haute-Alsace, avec cette différence cependant que nos manufacturiers n'ont jamais songé à établir des institutions *sociales* d'Etat, qu'ils ont voulu marcher seuls, sans le concours du gouvernement, et qu'ils ont créé, avec leurs seules ressources, de puissantes institutions ouvrières *privées*. Parmi les fabricants qui se sont consacrés à cette œuvre essentiellement démocratique, figure en première ligne M. Charles Thierry-Mieg.

M. Ch. Thierry-Mieg est né à Mulhouse, le 11 mars 1833. Après de fortes études classiques, il se rendit à Paris en 1850 et prit ses inscriptions à l'Ecole de droit. En même temps il suivit des cours de lettres et de sciences à la Sorbonne et au Collège de France où il fut l'élève de Saint-Marc-Girardin, Jules Simon, Michelet, Laboulaye, Pouillet, Delaunay, les cours d'agriculture de Moll et d'économie politique de Blanqui au Conservatoire des arts et métiers, les cours de chimie de Frémy et de Chevreul au Muséum. Il habitait avec quelques autres jeunes gens chez M. Juste Olivier, le poète national de la Suisse, et y fut mis en relations avec Souvestre, Ch. Clément, Miskiewitz. Il fit partie de la conférence Molé, la fameuse parlotte où la plupart des hommes politiques se sont exercés à l'art de parler en public, et fonda avec quelques amis la conférence Châteaubriand, réunion littéraire qui subsiste encore aujourd'hui sous le nom de conférence Labruyère. Comme la plupart des jeunes gens de l'époque il avait adopté les idées républicaines ; il vit avec indignation le coup d'Etat du 2 décembre 1851. Fait digne de remarque ! Si, en 1851, la France était fatiguée des déclamations radicales et craignait le triomphe du socialisme, les esprits éclairés de tous les partis se montrèrent hostiles au président de la République, qui rétablit l'ordre à coups de mitraille, au prince sans prestige personnel, qui n'avait d'autre titre que celui de neveu de Napoléon Ier. Cette victoire du caporalisme influa sur la carrière de M. Ch. Thierry-Mieg. Au lieu de se consacrer à l'administration, il se voua à l'industrie. En 1853, il entra dans la manufacture d'impression sur étoffes créée en 1801, par J. U. Thierry-Mieg, à Mulhouse ; en 1865, à la mort de son père, il en devint le chef. Dès son retour à Mulhouse il fut admis à la *Société industrielle*, y devint secrétaire-adjoint du comité de chimie, secrétaire du comité d'histoire et de statistique, enfin, en 1860, secrétaire général de la société. En 1860, à la suite d'un voyage d'études en Angleterre, il publia un important mémoire « *Réflexions sur l'amélioration morale des classes ouvrières.* » En 1862, comme rapporteur d'une commission spéciale de la société, il écrivit, à l'occasion de l'Exposition universelle, un Rapport sur les forces matérielles et morales de l'industrie alsacienne devenu classique. En 1863 il fit paraître une relation de voyage en Algérie et en Tunisie, sous le titre de *Six semaines en Afrique* qui a eu 3 éditions.

A partir de 1861, à la suite de son mariage avec Mlle Paccard, fille d'un banquier parisien, il passa une partie de l'année à Paris et y dirigea la maison de vente de sa manufacture. En 1861 il fut reçu membre de la société d'économie sociale, en 1863, de celle d'économie politique et devint l'un des fondateurs de la Société Franklin. La même année, il créa avec Jean Dollfus, Engel-Dollfus, M. Jean Macé la Société des bibliothèques communales du Haut-Rhin; en même temps il chercha à établir à Mulhouse un jardin zoologique destiné à servir de promenade aux classes populaires. A côté de ces occupations, il se voua aussi à l'agriculture dans la propriété féodale du Munsberg dont il se rendit acquéreur. Depuis lors il a fait de nombreux voyages d'affaires et parcouru ainsi toute l'Europe. Il a publié une partie de ses observations dans un volume «*La France et la concurrence étrangère*», où il se prononce nettement pour le libre échange, contre l'application de droits de douane aux produits importés de l'étranger. Dans ce livre sur la France et la concurrence étrangère, M. Thierry-Mieg fait un examen judicieux de la situation du commerce des principaux pays de l'Europe, avec lesquels la France est en concurrence sur le marché international. Instruction professionnelle avancée, réduction des intermédiaires, développement de l'initiative individuelle et de l'esprit d'entreprise, affranchissement de la tutelle de l'Etat, politique coloniale éclairée et persévérante, telles sont les conditions de la supériorité dans le concours des peuples, « où l'avenir appartiendra à la nation la plus instruite, à celle qui saura le mieux appliquer au travail les données de la science, à celle dont les citoyens sauront obtenir avec un effort minimum le résultat le plus considérable ». Sous ce rapport l'Allemagne tout particulièrement a fait depuis quinze ans pour son industrie et son commerce de signalés progrès, sur lesquels M. Thierry-Mieg appelle l'attention dans son ouvrage très remarqué par les économistes et les gens d'affaires de tous les pays.

GÉNÉRAL BERTRAND-PIERRE DE CASTEX

LE GÉNÉRAL
BERTRAND-PIERRE DE CASTEX

Les Castex ne sont établis en Alsace que depuis le commencement du siècle. Autrefois ils étaient d'honnêtes bourgeois de Pavie, en Languedoc; leur blason a été conquis sur les champs de bataille du 1er Empire et c'est le roi Louis XVIII qui l'a timbré d'une couronne de vicomte. Plusieurs membres de la famille avaient suivi honorablement la carrière des armes. Blaise Castex qui mourut en 1805, maire de Pavie et conseiller général du Gers avait un fils Bertrand-Pierre, il le poussa à entrer dans la magistrature.

Ce dernier, né à Pavie en 1771, terminait ses études de jurisprudence à Bordeaux, lorsqu'éclata la révolution. Aux premiers bruits de guerre, il abandonna la basoche pour s'engager aux chasseurs du Gers (1792). Son instruction lui valut rapidement l'épaulette; il fit les mémorables campagnes d'Italie de 1796 à 1799 et en 1800 fut chevalier de la Légion d'honneur et chef d'escadron au 24e chasseurs. La déclaration de guerre à la Prusse le trouve major au 20e chasseurs, c'est-à-dire condamné à rester au dépôt. A force de démarches il obtint de commander provisoirement le 7e chasseurs. A Jena, ayant reçu l'ordre de charger, Castex enfonça les trois lignes ennemies qu'il avait devant lui. Mais la trouée se referma, rendant la retraite impossible. Sans s'émouvoir, le commandant des chasseurs changea de direction, fit sonner la charge à ses trompettes, et longea par derrière les lignes ennemies, les mit en désordre, pour rejoindre sa brigade en culbutant un régiment saxon. Ce brillant fait d'armes valut à Castex des félicitations de l'empereur avec le grade de colonel au 20ᵉ chasseurs.

En 1807, à Eylau, le parc d'artillerie du 4ᵉ corps se trouva menacé par une masse considérable de cavalerie. Castex qui était en soutien, attendit les Russes de pied ferme, les reçut par une décharge à bout portant et après une mêlée furieuse, les mit en déroute sous les yeux de l'empereur. Dans la même campagne, il se distingua encore à Guttstadt, à Heilsberg et, après la paix de Tilsitt, fut nommé officier de la Légion d'honneur, baron de l'Empire et reçut en dotation le fief de Wynen, en Westphalie. Dans la campagne de 1809, Castex fit partie de la fameuse brigade Colbert qui, par ses exploits, a mérité le surnom de brigade infernale. A Amstetten, il n'hésita pas avec son seul régiment à charger deux régiments autrichiens, soutenus par de l'infanterie. Ecrasés par le nombre ses chasseurs reculèrent un moment; mais ramenés par leur colonel, ils mettent l'ennemi en déroute. A Wagram, il rétablit par sa présence d'esprit le succès d'une charge compromis par la blessure du général Colbert.

Peu après, Castex fut nommé commandeur de la Légion d'honneur et général de brigade. C'est en cette qualité qu'il arriva à Strasbourg comme inspecteur des troupes à cheval de la 5ᵉ division. Le jeune et brillant général de cavalerie, reçu et fêté dans la haute société, y épousa en 1810 Mˡˡᵉ de Dartein, qui lui apporta la terre de Thanville, domaine actuel de sa famille. Mais dès 1811, les hostilités reprirent. Pendant la campagne de Russie, Castex commanda la 5ᵉ brigade de cavalerie légère du 2ᵉ corps. Ce corps resté en observation vers Polotsk souffrit moins que les autres, c'est lui qui fut chargé de préparer et d'assurer le passage de la Bérézina. Blessé cette fois, le général Castex, atteint d'un coup de baïonnette à la cuisse, resta malgré sa blessure à l'extrême arrière-garde pour soutenir la retraite. Les corps d'infanterie se relayaient pour ce pénible service; mais faute d'autre cavalerie légère les deux brigades Castex et Corbinau, eurent seules à soutenir les charges des Cosaques. Les six régiments qui composaient ces brigades furent réduits à des effectifs dérisoires, Castex les commanda jusqu'à Wilna et dans les derniers jours se trouva « le seul officier général présent à l'arrière-garde ».

Pendant la campagne de 1813, il se distingua à la Katzbach, à Dresde où il fut blessé et enfin à Hanau où il contribua au succès de la journée. Alors il fut nommé général de division et chambellan de l'empereur; peu auparavant il avait été choisi pour commander les grenadiers à cheval de la garde. Mais le temps des belles chevauchées était fini, il n'y avait plus de cavalerie. En 1814, Castex commanda encore une division à l'armée du Nord, fut mis à l'ordre de l'armée devant Liège et contribua à la défense d'Anvers. Mis en non activité au licenciement de la garde, il reprit pourtant du service pendant les Cent-jours et commanda la cavalerie du 5e corps qui, sous les ordres de Lecourbe, fit une campagne si remarquable devant Belfort.

En 1817, le général Castex est rappelé à l'activité et mis à la tête de la 6e division à Besançon. Il quitta ce poste en 1823 pour prendre part à l'expédition d'Espagne, d'abord avec une division de dragons puis avec un corps de réserve resté à Madrid. Inspecteur de la cavalerie à son retour en France, ces fonctions lui laissèrent des loisirs. Alors il se décida à vendre le château de Polastron qu'il possédait près de Lombez pour se fixer définitivement en Alsace. Il y habitait Thanvillé depuis son mariage. En 1824, ses concitoyens le nommèrent député du Bas-Rhin. En 1827, à l'expiration de son mandat, il reçut le commandement de la 5ᵉ division à Strasbourg. Il était alors grand officier de la Légion d'honneur, grand-croix de St.-Louis et de St.-Ferdinand d'Espagne.

Lors des évènements de 1830, le général de Castex mis en disponibilité, dut remettre le commandement de Strasbourg au général Brayer. Bien qu'il n'eût alors que 59 ans, il préféra renoncer à la politique, quitter l'épée pour la charrue et se retirer dans sa terre de Thanvillé. En 1833, il fut nommé conseiller général du Bas-Rhin, pour le canton de Villé. Le 19 avril 1849, il mourut à Strasbourg et fut enterré à Thanvillé. Son nom est inscrit sur l'arc de triomphe de l'Etoile à Paris. Sur son portrait il est représenté avec une grosse tabatière qu'il ne quittait jamais, même à cheval. Cette tabatière avait deux compartiments, le sien et celui des amis. Le général de Castex laissait trois fils, dont l'aîné, Charles, capitaine d'infanterie, mourut en 1848, assassiné par les Arabes aux environs d'Alger. Le second, Jules, mourut avec le grade de sous-lieutenant au 20ᵉ chasseurs en 1853, tandis que le troisième, Théodore, fut, avant 1870, chambellan de l'Empereur et conseiller général du Bas-Rhin. Le vicomte Théodore de Castex habite actuellement Thanvillé, où il s'occupe d'améliorations agricoles et de sylviculture. Un de ses fils à lui, M. Maurice de Castex, a publié une *Histoire de la seigneurie de Tanviller en Alsace*.

CHARLES GRAD,
de l'Institut de France.

SOURCES. — Archives du ministère de la guerre. — Histoire du 20ᵉ chasseurs, par le lieutenant Aubier. — Notice biographique rédigée par le capitaine Châtelain, ancien aide-de-camp du général.

ANT. MEYER, PHOTOG. COLMAR   DÉPOSÉ

Victor HENRY

HENRY, Victor

Linguiste. Né le 17 août 1850, à six ans il perdit son père, l'un des plus anciens maîtres du lycée de Colmar. Il apprit l'allemand et l'anglais de sa mère, en même temps que le français. D'un de ses oncles, également professeur, il reçut la première initiation aux langues anciennes. En quittant les bancs, il savait, outre le latin et le grec, l'italien et l'espagnol qu'il avait appris en se jouant. Il commença son droit en 1866; trois ans après, il était avocat.

Sa situation de famille le dispensait du service militaire; mais, au moment de la guerre, il pensa s'acquitter sous une autre forme, en se chargeant, à la rentrée du lycée, de la chaire d'histoire que l'absence du titulaire rendait vacante. Mais au bout de quelques semaines, l'établissement fut fermé par ordre, et tout le personnel dut prendre le chemin de l'exil, sans en excepter le jeune professeur bénévole, l'unique consolation de sa mère infirme. Après la paix, il se fit inscrire au barreau de Saint-Étienne, où il reprit ses études de droit. Au mois d'août 1872, il fut reçu docteur à Dijon, avec une thèse : *De la Possession prétorienne et des Interdits possessoires. — Etude sur les actions dans les sociétés commerciales* (Colmar, 1872, in-8°). Il se rendit alors à Paris pour préparer son agrégation ; mais il reconnut que sa vocation ne le portait pas vers la jurisprudence et, en décembre, il accepta un modeste poste de professeur d'économie politique, de géographie commerciale et de législation usuelle à l'Institut industriel du Nord de la France à Lille.

Dès qu'il fut maître de son enseignement, il revint à l'étude des langues ; il apprit, au simple point de vue de la grammaire, les langues romanes qui lui manquaient encore, le néerlandais, les langues scandinaves et le russe, même quelque peu les langues sémitiques, les idiomes ouralo-altaïques et ceux de l'Asie orientale.

Tout en grossissant son trésor, le jeune polyglotte se doutait à peine alors de l'objet de la linguistique : l'étude comparée de la structure des langues. Un travail incessant et ses relations avec quelques savants, entre autres avec M. Lucien Adam, le promoteur des congrès américanistes à Nancy, lui montrèrent sa voie définitive. Depuis lors, c'est une suite ininterrompue de publications, dont le titre seul suffit pour montrer l'étonnante variété des aptitudes de M. Henry. Après une *Note sur les possessions anglaises et françaises de la Sénégambie et de la Guinée* (Lille, 1876, in-8°), il fit paraître : *Le Quichua est-il une langue aryenne ? Examen critique du livre de D. V. F. Lopez :* « *Les Races aryennes du Pérou.* » (Nancy, 1878, in-8°); *Esquisse d'une grammaire de la langue Innok (eskimo)* (Paris, 1878, in-8°); *Esquisse d'une grammaire raisonnée de la langue aléoute* (Paris, 1879, in-8°); *Les trois Racines du verbe* « *être* » *dans les langues indo-européennes* (Lille, 1878, in-8°); en collaboration avec M. Adam, *Arte y Vocabulario de la lengua Chiquita* (Paris, 1880, in-8°); *Note sur le parler des hommes et le parler des femmes dans la langue chiquita* (Paris, 1880, in-8°); *Etudes afghanes* (Paris, 1882, in-8°); *La Distribution géographique des langues* (Lille, 1882, in-8°). En même temps il commençait la première série de ses *Esquisses morphologiques*, qui paraissent simultanément à Louvain et à Lille ou Douai. En 1877, le titre de membre de la Société des sciences de Lille l'avait encouragé à poursuivre ses travaux.

En 1879, un changement dans les programmes menaçant sa position à l'Institut industriel, Victor Henry songea à tirer parti de ses études linguistiques pour entrer dans l'Université et, en 1880, il passa sa licence ès-lettres à Douai. Presque en même temps la ville de Lille le nommait son bibliothécaire.

En mai 1883, il fut reçu à l'unanimité docteur ès-lettres à Paris. La thèse latine était intitulée : *De sermonis humani origine et natura M. Terentius Varro quid senserit* (*Insulis*, 1883, in-8°); la thèse française, *Etude sur l'analogie en général et sur les formations analogiques de la langue grecque* (Paris, 1883, in-8°), fit aussitôt connaître l'auteur au loin; en Allemagne, il est vrai, les critiques se mêlèrent aux éloges; mais en Angleterre, l'applaudissement fut général. En France, l'Académie des inscriptions et belles-lettres lui décerna, en 1884, le prix Volney, et son livre fut également couronné par l'Association pour l'encouragement des études grecques. A la rentrée, le jeune linguiste fut chargé d'un cours complémentaire de philologie classique et, en 1886, nommé professeur-adjoint à la Faculté des lettres de Douai, qu'il suivit, en 1887, quand elle fut transférée à Lille. Mais ce qui, pour lui, l'emportait peut-être sur tous ces succès, ce fut l'amitié d'un de ses examinateurs, Abel Bergaigne, le professeur de sanscrit et de philologie comparée à la Sorbonne. Ce fut sous ses auspices qu'il publia diverses traductions du sanscrit et du prâcrit : *Trente Stances du Bhâminî-Vilâsa* (Paris, 1885, in-8°); *Le Sceau de Râkchasa, drame en sept actes par Viçâkhadatta* (Paris, 1888, in-8°); *Agnimitra et Mâlavikâ, comédie en cinq actes par Kâlidâsa* (Paris, 1889, in-8°). Ce fut également avec Bergaigne qu'il ébaucha le plan d'une Chrestomathie védique.

Cette activité n'empêchait nullement Victor Henry de se livrer à d'autres recherches non moins fécondes. Il publia sous le titre de : *Contribution à l'étude des origines du décasyllabe roman* (Paris, 1885, in-8°), un opuscule où il émit sur l'origine du vers français de dix syllabes et de l'alexandrin, des vues qui sont bien près de devenir définitives. Mais ce qui jusqu'ici est son œuvre maîtresse, c'est le *Précis de grammaire comparée du grec et du latin* (Paris, 1888 et 1889, in-8°), dont deux éditions viennent de paraître coup sur coup. L'auteur n'y traite encore que de la phonétique et de la morphologie; mais tel quel, son livre a trouvé en Angleterre, en Allemagne, en Italie, l'accueil le plus chaleureux; en France, il a valu au jeune professeur l'honneur de remplacer, comme chargé de cours, son regretté maître Abel Bergaigne dans la glorieuse chaire que sa mort tragique avait rendue vacante.

En philologie, M. Henry est un éclectique; en France, comme à l'étranger, en Allemagne surtout, rien ne lui échappe de ce qui contribue aux progrès de la science; mais il sait juger et choisir avec une entière indépendance d'esprit. Pour lui, il se réserve et, s'il a émis quelques vues personnelles dans les *Esquisses morphologiques* ou dans son *Précis de grammaire comparée*, il se garde de croire qu'elles sont définitivement acquises. Ce qui fait sa principale originalité, c'est qu'après d'excellentes études classiques, il a abordé la linguistique par les idiomes peu cultivés ou entièrement frustes de l'Asie et de l'Amérique, en sorte que, revenu aux langues classiques et par elles, au sanscrit, il n'était plus dominé par le superstitieux respect de l'humaniste pur, qui, hors de ces langues, ne conçoit pour l'esprit humain aucun autre mode d'expression; il a acquis ainsi la liberté de jugement du naturaliste, qui ne voit dans le langage qu'une des manifestations — la plus élevée peut-être, mais non la seule — de la vie intellectuelle et du Verbe qui l'incarne.

X. Mossmann.

Paul SCHÜTZENBERGER

SCHÜTZENBERGER, Paul

MEMBRE de l'Académie des Sciences de Paris, fils de Georges-Fréd. Schützenberger, professeur à la Faculté de droit, ancien maire et député de Strasbourg, neveu de Ch. [Sch]ützenberger, professeur à la Faculté de méde[cine] de cette ville, M. PAUL SCHÜTZENBERGER est [né] le 23 décembre 1829. Après avoir terminé ses [étu]des classiques au Collège royal il entreprit les [étu]des médicales à la Faculté de Strasbourg. Mais [ces] études ne devaient être que le point de départ [de s]a carrière scientifique. Auditeur du cours de [Pers]oz à la Faculté des sciences, il éprouva pour la [chim]ie une vocation déterminée. Admis à travailler [au la]boratoire de Amédée Cailliot, professeur à la [Facu]lté de médecine, il fut nommé un an après [(jan]vier 1850), au concours, aide-préparateur de [chimi]e, puis à la fin de la même année, préparateur [en c]hef. Persoz ayant été nommé professeur de [teint]ure au Conservatoire des arts et métiers à [Paris], Schützenberger alla remplir, pendant un an, [aupr]ès de lui les fonctions de préparateur (1851 à 1852). Revenu à Strasbourg pour terminer ses études de médecine, il fut désigné en 1854, grâce aux remarquables aptitudes dont il avait fait preuve, pour créer l'enseignement de la chimie à l'Ecole professionnelle de Mulhouse. Malgré son jeune âge et son inexpérience comme professeur, il réussit parfaitement dans son enseignement, qui prit une plus grande importance par la création de l'Ecole supérieure des sciences appliquées, dont il fut un des professeurs les plus marquants.

Son cours, dans ce centre industriel si avide de science, attira beaucoup d'auditeurs et lui valut, par la clarté de son exposition, une grande notoriété justifiée en outre par de nombreux travaux auxquels, dans bien des cas, il associait ses élèves, auxquels il témoignait une vive sollicitude.

Durant son séjour à Mulhouse, P. Schützenberger concourut pour la place d'agrégé à la Faculté de médecine de Strasbourg; il fut nommé, en 1860, après un brillant concours, mais n'entra jamais en exercice. En 1863, il alla soutenir à Paris sa thèse pour le doctorat ès-sciences.

Mais l'activité scientifique de Schützenberger avait besoin d'un champ plus vaste et malgré la considération dont il jouissait à Mulhouse, il eut le courage d'abandonner une position acquise, et où son influence ne pouvait que s'accroître, pour recommencer ses débuts; on verra qu'il n'eut pas à regretter cette décision. Il vint donc s'établir à Paris et accepta la place de préparateur du cours de Balard, auquel il devait succéder plus tard au Collège de France. En 1868, nous le trouvons directeur adjoint du laboratoire des hautes-études à la Sorbonne, position qu'il occupa jusqu'en 1876, époque à laquelle la chaire de chimie minérale du Collège de France lui fut dévolue et qu'il occupe encore brillamment aujourd'hui. Enfin, lors de la fondation de l'Ecole municipale de chimie et de physique de la ville de Paris, il en fut nommé directeur. On ne pouvait faire un meilleur choix.

Membre du Conseil d'hygiène et de salubrité de la Seine depuis 1877, P. Schützenberger fut élu membre de l'Académie de médecine et en 1888 l'Académie des sciences l'appela dans son sein à la presqu'unanimité.

Chevalier de la Légion d'honneur depuis 1868, il fut promu Officier en 1885; il est en outre officier de l'Instruction publique. Parmi les autres distinctions qui ont sanctionné sa valeur scientifique signalons le prix Jecker qui lui fut décerné par l'Académie des Sciences, une grande médaille d'honneur de la Société industrielle de Mulhouse; la grande médaille d'or de la Société industrielle de Lille; médaille d'or à l'Exposition universelle de 1867; médaille d'argent des Sociétés savantes.

L'œuvre scientifique de P. Schützenberger est trop vaste pour être analysée ici. Elle porte la marque d'une vive originalité et d'une grande sagacité et s'étend à presque toutes les branches de la chimie.

Dans le domaine de la science pure, mentionnons surtout les combinaisons remarquables obtenues par la substitution du chlore, de l'iode ou d'un radical électronégatif au métal d'un sel; la découverte d'un nouvel acide du soufre, l'acide hydrosulfureux, et l'application des hydrosulfites au dosage de l'oxygène libre; l'étude de composés très intéressants du platine, les chloroplatinites de carbonyle et les composés phosphoplatiniques; des études sur les pétroles du Caucase, sur la combustion des hydrocarbures, etc., etc.

Ses travaux de chimie industrielle ont trait à la teinture et à l'impression. La garance et ses matières colorantes ont fait l'objet de nombreux mémoires. L'histoire de la cochenille, de l'indigo, de la graine de Perse et d'autres matières colorantes naturelles s'est également enrichie de ses recherches. L'application des hydrosulfites à la teinture en indigo, créée par lui et M. de Lalande, est devenue un procédé industriel très suivi.

La chimie physiologique doit également à Paul Schützenberger une série de mémoires importants. L'étude des transformations chimiques du protoplasma provoquées par la respiration de la levûre de bière et par les autres fonctions qui caractérisent cet organisme, l'ont conduit à étudier, par les dédoublements qu'elle peut subir, la constitution de l'albumine, cette substance si complexe et qui joue un rôle si important dans l'organisme animal. Les résultats de ces recherches ont fait faire un grand pas à la question et ont été accueillis avec un vif intérêt.

L'habileté et la conscience qui ont présidé à tous les travaux de P. Schützenberger leur impriment ce cachet de précision qui marque les travaux classiques.

Quant aux ouvrages didactiques de Paul Schützenberger, ils témoignent, comme ses travaux personnels, d'une égale aptitude pour les diverses branches de la chimie. Nous relevons par ordre de date :

Traité de chimie appliquée à la physiologie animale. 1 vol. (1863).

Traité des matières colorantes, 1867. Ouvrage en 2 vol. publié sous les auspices de la Société industrielle de Mulhouse.

La Fermentation. 1 volume de la Bibliothèque internationale de Germer Baillière. 1875.

Traité complet de chimie générale. Ouvrage en cours de publication et dont 5 volumes ont paru.

EDMOND WILLM
professeur à la Faculté des Sciences
de Lille.

Georges STEINBACH

GEORGES STEINBACH

CHIMISTE et imprimeur sur étoffes, actuellement vice-président de la Société industrielle de Mulhouse, est un des promoteurs les plus généreux des beaux-arts en Alsace. Le musée de peinture de Mulhouse lui doit quelques-unes des plus belles œuvres qui ornent ses galeries. Après une carrière laborieuse, comme tant d'autres grands chefs d'industrie, il consacre aujourd'hui les loisirs de sa retraite au développement des institutions d'utilité publique dont notre pays s'honore. Participant d'une manière active aux travaux des différents comités de la Société industrielle, il s'occupe avec une sollicitude particulière des collections artistiques enrichies par ses dons. Plusieurs de nos artistes en renom attribuent à ses encouragements discrets les succès auxquels ils n'auraient pu arriver avec leur seul talent.

Né à Mulhouse, le 25 septembre 1809, M. Georges Steinbach manifesta dès sa jeunesse un goût prononcé pour les sciences appliquées à l'industrie. La chimie et l'étude des matières colorantes fixèrent son attention d'une manière spéciale. De bonne heure, les circonstances l'amenèrent en Russie, où l'industrie de l'impression sur étoffes s'implantait à l'initiative des imprimeurs mulhousois. Comme la filature et le tissage, les manufactures d'impression établies dans les provinces russes prospèrent rapidement, grâce à l'étendue et à la facilité des débouchés ouverts devant elle. En peu d'années, M. Steinbach devint l'associé de la maison où il était entré comme directeur et à la mort de son chef il en épousa la veuve. Pourtant malgré les avantages de l'industrie cotonnière en Russie, il revint à Mulhouse pour s'associer à M. Blech pour l'exploitation d'une fabrique d'indienne, avec filature de coton. Cet établissement exploité d'abord sous la raison sociale Blech, Steinbach et Mantz, devint plus tard la maison Steinbach, Kœchlin et Cie, changée en société par actions quelques années après l'annexion de l'Alsace à l'empire allemand. Jusqu'en 1875, M. Steinbach conserva la gestion de la société nouvelle et se retira des affaires depuis lors.

L'impression sur étoffes est une industrie éminemment artistique. Aussi bien les tissus imprimés du rayon de Mulhouse tiennent la première place sur tous les marchés du monde pour les articles de luxe. Ces magnifiques produits maintiennent leur supériorité et leur réputation au prix d'efforts constants par le choix des dessins et les procédés de coloris. Nos grands manufacturiers ne négligent rien pour assurer le recrutement de leurs chimistes et de leurs dessinateurs. Ce sont ces dessinateurs qui donnent le ton pour la nouveauté et les modes sur la place de Paris, où ils règnent par le bon goût et l'élégance de leurs modèles. L'école de dessin et l'école spéciale de chimie créées à Mulhouse, au moyen de souscriptions des principaux chefs d'industrie du pays, ont pour objet de former les jeunes gens destinés à entrer au service des fabriques d'impressions, non-seulement en Alsace, mais encore en France, en Angleterre et en Russie. C'est M. Georges Steinbach qui a été le premier souscripteur de l'école municipale de chimie, créée en 1867, en place de l'ancien laboratoire de chimie industrielle établi dès 1821. L'école de dessin ouverte en 1821 a eu depuis pour principal promoteur M. Engel-

Dollfus, qui y a fait joindre un musée industriel avec des collections d'échantillons et des modèles de tous les artistes exécutés par les fabriques d'impressions. Les dessinateurs y puisent des inspirations pour leurs compositions nouvelles, tandis qu'à l'école de chimie toutes les opérations pour l'étude des matières colorantes et pour l'application des couleurs peuvent être répétées.

Indirectement le musée des beaux-arts et les expositions artistiques organisés par un comité spécial de la Société industrielle, où M. Engel-Dollfus et M. Georges Steinbach ont réuni leurs efforts, doivent aussi servir cette brillante industrie de l'impression où l'art a une influence prépondérante. La construction du musée des beaux-arts, tout près de l'hôtel de la Société industrielle, date de 1882 seulement. Grâce à la munificence de donateurs nombreux sa galerie de peinture est déjà très riche. Parmi les tableaux donnés par M. Steinbach, nous remarquons la magnifique peinture de Bouguereau *Flore et Zéphyr*, une des plus charmantes compositions exposées au Salon de Paris en 1879. A côté se placent *Les présents d'un pacha*, de Benjamin Constant; *L'arrivée à Bethléhem*, de Merson; des Fleurs, d'Emmanuel Benner, etc. etc. Comme pendant à l'arrivée de la Vierge à Bethléhem, nous voudrions voir une *Descente de la Croix*, de Lix, qui a figuré avec honneur à l'exposition triennale de la Société des arts à Mulhouse en 1886. Enfant de Strasbourg, comme Louis Schützenberger, Lix est un de nos peintres alsaciens contemporains les plus estimés. Aucun autre n'a mieux interprété ni représenté avec une fidélité plus scrupuleuse les scènes de mœurs locales. La galerie des Unterlinden à Colmar possède son *Retour des vendanges;* mais le musée de Mulhouse n'a encore aucune de ses œuvres.

Tous les trois ans, la Société des arts de Mulhouse ouvre une exposition de peinture, à l'instar du Salon annuel de Paris, où les œuvres de nos maîtres alsaciens figurent pour une large part. Au moyen de souscriptions, bénevoles toujours, cette association, issue du comité des beaux-arts de la Société industrielle, constitue une épargne pour l'art, un fonds pour acheter les œuvres les plus remarquables envoyées à l'exposition triennale. Les tableaux achetés ainsi restent pour la plupart au musée mulhousois, digne de rivaliser dès maintenant avec la galerie des Unterlinden à Colmar. Chaque exposition donne à M. Steinbach l'occasion d'ouvrir sa bourse largement pour doter les collections artistiques de sa ville natale. A entendre parler le généreux donateur, partout où le travail occupe la place d'honneur, le repos allié aux plaisirs d'élite est une condition de santé morale. « Aimer l'art, nous dit-il avec son regretté ami M. Engel-Dollfus, c'est vivre doublement, car l'art fait aimer la nature dont il s'applique à reproduire et à faire comprendre les incomparables harmonies. » L'industrie dans laquelle ces deux grands manufacturiers ont fait leur fortune exige un développement toujours plus parfait du sentiment artistique. M. Georges Steinbach n'a pas borné ses libéralités au musée des beaux-arts et à l'école de chimie : il soutient également l'école d'art professionnel pour jeunes filles, destinée aussi à fournir à l'industrie de Mulhouse des ouvrières d'élite. Jamais personne n'a fait appel à sa munificence pour une œuvre utile sans trouver son appui et son nom figurera toujours avec honneur au nombre des hommes dont l'existence a été consacrée à la prospérité de l'Alsace.

Charles Grad
député de l'Alsace au Reichstag.

ANT. MEYER, PHOTOG. COLMAR   DÉPOSÉ

François-Joseph BÆUMLIN

BÆUMLIN, François-Joseph

A ÉTÉ, avec les Raspieler, les Chauffour l'aîné, l'un des jurisconsultes à qui, dans le ressort de la Cour d'appel de Colmar, revient l'honneur d'y avoir introduit la pratique du droit nouveau issu de la Révolution, d'en avoir déterminé les règles et fixé la jurisprudence. Il était né le 18 avril 1761 à Thann, où son père, qu'il perdit encore enfant, avait déjà été homme de loi. Il fit son droit à l'Université de Strasbourg et fut reçu, le 25 juin 1785, avocat au Conseil souverain. Ce titre lui ouvrait la carrière judiciaire.

Pendant un voyage que sa santé l'obligea à faire à Montpellier, le bailli des ville et vallée de Saint-Amarin, M. Aloyse-Philippe de Klebsattel, fit agréer Bæumlin, le 7 mars 1788, par l'abbé et le chapitre de l'église collégiale et équestre de Murbach, pour rendre à sa place la justice à leurs vassaux. Dans ce grand besoin d'hommes nouveaux qui se fit sentir au commencement de la Révolution, le jeune légiste fut appelé au directoire du district de Belfort. Lors des élections pour l'Assemblée législative, les électeurs primaires de Thann l'envoyèrent au collège départemental à Colmar, où, à la suite de plusieurs scrutins qui se prolongèrent, dans l'église des ci-devant dominicains, du 30 août au 5 septembre 1791, lui-même fut nommé député, en même temps que François-Joseph Ritter, Jean-Pierre Wælterlé, Joseph Bruat, Joseph Rudler, Sébastien de La Porte et Louis Schirmer.

L'Assemblée législative se réunit le 1ᵉʳ octobre suivant. Elle trouva la constitution votée, les privilèges, les droits féodaux abolis, mais aussi la guerre déclarée à l'Allemagne, les frères du roi à l'étranger, les persécutions contre le clergé réfractaire commencées : quand elle se sépara, moins d'un an après, elle laissait la famille royale dans les fers et la France envahie. Quel avait été, pendant cette courte législature, où il se souvenait d'avoir vu un jour les enfants de Philippe-Egalité tirer la langue à leur cousin Louis XVI, le rôle du député Bæumlin? Un comité de législation où il aurait trouvé l'emploi de ses lumières, avait été chargé de travailler à un code civil; mais comment s'appliquer à cette tâche à une époque si troublée? Quand la Législative se sépara pour faire place à la Convention, Bæumlin eut beaucoup de peine à sortir de Paris; aussi se promit-il de ne plus accepter de mandat politique de ses concitoyens.

Il courut de plus grands dangers pendant la Terreur, si, comme un de ses biographes le rapporte, il fut arrêté comme fédéraliste, avec d'autres citoyens notables de Thann; cependant sa détention ne dût pas être longue, puisqu'il fut nommé, le 15 pluviôse an II (3 février 1794), secrétaire général du district de Délémont. Quand, le 26 brumaire an III (16 octobre 1794), le représentant du peuple Foussedoire l'appela au poste de substitut-adjoint de l'agent national de Belfort, l'administration de Délémont prit, le 1er nivôse (21 décembre), sous la devise : LIBERTÉ, ÉGALITÉ, FRATERNITÉ, VERTU, JUSTICE OU LA MORT, une délibération où elle se plut à rendre hommage au civisme de son collaborateur, à son intelligence, à son assiduité, à son désintéressement et à son exactitude, en déclarant que, par ses services, il avait mérité l'estime et la confiance des autorités, aussi bien que des sociétés populaires.

Deux ans après, on le retrouve à Thann, en qualité de juge de paix; mais lors de la réorganisation judiciaire, il donna sa démission pour se fixer à Colmar, comme avocat près le tribunal d'appel des départements des Haut- et Bas-Rhin. Au barreau il se fit en peu de temps une grande réputation. « C'était à juste titre, dit de lui un de ses anciens confrères, feu M. de Neyremand : profondément versé dans la connaissance des lois, doué surtout d'une justesse et d'une pénétration de jugement qui était presque du génie, il entrait dans la lice avec les avantages qu'une puissante dialectique assure à de telles facultés ».

Tout en appréciant les bienfaits de la Révolution, Bæumlin était resté profondément attaché à la monarchie des Bourbons. Comme à tant d'autres, le retour de Louis XVIII lui parut l'aurore d'une ère nouvelle, où l'avenir de la France ne pouvait plus sombrer. Il fut heureux de mettre son influence au service de M. de Serre, devenu premier président de la Cour royale de Colmar, quand, dans le Haut-Rhin, il posa sa candidature à la députation. Longtemps après, la veuve de l'illustre ministre de la Restauration, du seul homme d'état qui aurait peut-être pu la sauver, se plaisait à reconnaître que c'était au modeste avocat de Colmar que son mari devait d'être entré dans la carrière politique.

La confiance que le nouveau gouvernement lui inspirait, l'engagea à prendre part à la renaissance industrielle dont Mulhouse donnait l'exemple. Sans quitter le barreau, il s'associa avec deux de ses parents, MM. Th. et J. Zimmermann, pour fonder, à Isenheim, une filature et un tissage qui eurent leurs années de prospérité. Mais en 1826, « vaincu par la maladie plus encore que par l'âge, il fut obligé de renoncer aux fatigues de l'audience. Voué désormais à la seule consultation dans le calme du cabinet, ses décisions, très recherchées, étaient reçues comme les oracles même de la justice ». Par une singulière coïncidence, ses confrères et émules, Chauffour l'aîné et Raspieler, abandonnèrent en même temps le barreau. Le gouvernement avait honoré naguère son caractère en le nommant président d'un collège électoral : dès que Bæumlin eut renoncé à plaider, il l'appela à siéger au conseil de préfecture, dont, au dire de M. de Neyremand, son expérience régénéra la juridiction. Le 12 décembre 1827, l'administration se plut à reconnaître de si longs services en décorant le jurisconsulte émérite de la croix de la Légion d'honneur.

La révolution de Juillet porta un coup cruel au noble vieillard. Dans les évènements contemporains, il y a de ces moments où, si peu que l'on soit pourvu de sens politique, on a comme l'intuition de toutes les catastrophes dont ils seront le point de départ et comme l'avant-coureur, et l'on en ressent à l'avance toutes les douleurs. S'il n'approuva pas les ordonnances, le vieux parlementaire convenait néanmoins que la prérogative royale les autorisait. Si Dieu est patient, parce qu'il est éternel, il estimait sans doute que le peuple, à qui l'avenir appartient aussi bien qu'à Dieu, aurait dû se montrer non moins patient que lui, plutôt que de précipiter les évènements et de faire ce terrible saut dans les ténèbres, dont les suites ont été si funestes pour la France. Malheureusement on ne revient pas sur le passé : *Cosa fatta capo ha.*

A bout d'espoir, Bæumlin donna sa démission de conseiller de préfecture et rompit même ses attaches avec l'industrie. Depuis lors il ne fit plus que languir et mourut à Colmar, le 21 février 1834, en recommandant à ses enfants de suivre les exemples qu'il leur laissait. X. MOSSMANN.

SOURCES : *Véron-Réville*, Histoire de la Révolution dans le Haut-Rhin (Paris, 1865, in-8º). — *De Neyremand*, Le Barreau de Colmar sous l'ancien et le nouveau régime (Revue alsacienne, 1881). — Papiers et souvenirs de famille. — Portrait de Guérin.

BARON FRANÇOIS ZORN DE BULACH

LE BARON ZORN DE BULACH
FRANÇOIS-ANTOINE-PHILIPPE-HENRI

MEMBRE du Landesausschuss d'Alsace-Lorraine et député du Bas-Rhin au Corps législatif en France, ancien chambellan de l'empereur Napoléon III, est le chef actuel de la famille des Zorn, qui a joué pendant huit siècles un rôle considérable dans les affaires de notre pays. Né au château d'Osthausen, près Erstein, le 15 juillet 1828, il est fils du baron Maximilien-Ernest Zorn de Bulach et de la comtesse Anne de Kageneck. Son père, officier supérieur de cavalerie, sous le premier empire, fut longtemps député et membre du Conseil général du Bas-Rhin. En 1850, après sa sortie de la Faculté de droit de Strasbourg, il a épousé la baronne Antoinette de Reinach-Hirtzbach, pour s'occuper ensuite de l'exploitation de ses domaines situés de l'un et de l'autre côté du Rhin. Sa condition de grand propriétaire foncier et ses traditions de famille l'attachaient aux populations rurales au milieu desquelles il vivait, à travers les vicissitudes changeantes de la politique. Aussi bien a-t-il résisté au courant de l'émigration, qui a entraîné de l'autre côté des Vosges tant de familles notables du pays. D'accord avec son beau-frère, le baron Hesso de Reinach, président actuel du Conseil général de la Haute-Alsace, comme lui député au Corps législatif au moment où éclata la guerre de 1870, il subit l'annexion à l'Allemagne pour s'efforcer d'obtenir pour le pays annexé une autonomie relative au sein de l'Empire allemand.

Dans les diverses situations de sa carrière déjà longue, le baron Zorn de Bulach n'a cessé de s'occuper avec sollicitude et persévérance des intérêts de la région, ne voulant pas, comme on l'a bien dit, que le blason de sa race fût barré d'une croix d'inertie. Depuis 1855 il remplit les fonctions de maire d'Osthausen : la même année de sa nomination à ce poste, il est entré au Conseil général du Bas-Rhin. En 1857, l'empereur Napoléon III l'attacha à sa personne, en qualité de chambellan, position qui l'a mis en mesure de rendre d'incessants services, grâce à la faveur dont il jouissait auprès du souverain. Personne ne s'est adressé à lui, dans sa longue carrière publique, sans obtenir une réponse bienveillante. Les crédits alloués pour les travaux de correction du Rhin tout particulièrement ont été augmentés beaucoup sous son influence. Aujourd'hui ce beau fleuve présente l'exemple unique d'un grand courant d'eau contenu dans un lit artificiel sur toute la longueur de l'Alsace, dont le territoire, si souvent dévasté naguère par ses débordements, se trouve aujourd'hui à l'abri des inondations. En 1863, M. de Bulach fut élu député au Corps législatif dans l'arrondissement de Schlestadt; mais cette élection dut être invalidée, par suite d'excès de zèle de l'administration, qui ont vivement ému la contrée. Aux élections législatives de 1869, une forte majorité lui rendit le mandat de la circonscription, tenu dans l'intervalle par le comte Hallez-Claparède. Lors de la visite à Paris du roi Guillaume de Prusse, il avait été attaché par l'empereur Napoléon III au service de ce souverain. Cette circonstance lui fit aussi nouer des relations que l'empereur d'Allemagne n'a pas oubliées plus tard, après l'annexion de l'Alsace-Lorraine.

Ce fut surtout depuis l'annexion que le baron de Bulach prit une part importante et des plus actives encore aux affaires publiques du pays. Non-seulement il conserva l'administration de sa commune, mais lors du rétablissement des conseils généraux, le sélecteurs du canton de Villé le sollicitèrent de les représenter dans cette assemblée départementale. Elu sans concurrent, il déposa au Conseil général de la Basse-Alsace, immédiatement après son ouverture, en 1874, un vœu en faveur de l'autonomie politique du pays. Le Conseil général adhéra à ce vœu, malheureusement resté sans écho dans les sphères gouvernementales de Berlin, quoiqu'il ait été renouvelé depuis à plusieurs reprises par le Landesausschuss. Au lieu d'une Constitution, donnant à l'Alsace-Lorraine des droits égaux à ceux de tous les Etats particuliers du nouvel Empire allemand, le gouvernement impérial se borna à octroyer aux Alsaciens-Lorrains une diète désignée sous le nom de Landesausschuss et composée de trente délégués choisis par les Conseils généraux, avec la charge de donner un avis sur les projets de lois et le budget du pays, soumis ensuite au Reichstag. Peu à peu les attributions du Landesausschuss ont été élargies en même temps que le nombre des membres de l'assemblée a été augmenté. Aujourd'hui notre délégation d'Alsace-Lorraine a le droit d'initiative et vote elle-même le budget du pays, sous la réserve de la sanction du Bundesrath, sans être soumis, dans tous les cas à la sanction du Reichstag. Si nous n'avons pu obtenir l'autonomie politique complète, du moins le Landesausschuss a le mérite d'avoir mis les finances du pays en bon état, tout en favorisant les travaux publics de toutes espèces et en subvenant à tous les besoins de l'administration.

Dès l'organisation du Landesausschuss, l'assemblée a donné au baron Zorn de Bulach le titre de premier vice-président, que ses collègues lui confirment et lui renouvellent chaque année. Depuis l'origine de la délégation, il prend une large part à ses travaux et y exerce une légitime influence, de même qu'au Conseil d'Etat de Strasbourg, dont il est membre également depuis son institution. Le Conseil d'Etat de l'Alsace-Lorraine, institué en 1879, a pour mission de donner un premier avis sur les projets de loi préparés par le gouvernement avant leur discussion au Landesausschuss. Point de question, touchant l'administration du pays, sur laquelle M. de Bulach n'ait émis son opinion. Travaux publics, agriculture, finances lui sont également familiers. Depuis des années, il a de plus la satisfaction de voir siéger à côté de lui son fils aîné, aujourd'hui président du Conseil supérieur de l'agriculture, qui partage ses travaux. Tous deux s'efforcent particulièrement de favoriser les intérêts agricoles. Leurs conseils sont très-écoutés du prince de Hohenlohe, Statthalter impérial pour l'Alsace-Lorraine. Le père et le fils savent aussi, quand les circonstances l'exigent, élever la voix contre les mesures prises par le gouvernement établi, quand ces mesures froissent les sentiments, les intérêts ou les droits des populations dont ils sont devenus les mandataires. C'est ainsi qu'ils ont combattu avec vigueur les ordonnances touchant l'exclusion de la langue française et l'obligation des passeports, ordonnances impopulaires et impolitiques au premier chef, peu faites pour réconcilier le pays avec la nationalité allemande. Ajoutons que, dans sa longue carrière, les distinctions honorifiques n'ont pas manqué au baron François Zorn de Bulach : il est officier de la Légion d'honneur, commandeur de première classe de l'ordre du Christ du Portugal, commandeur de l'Aigle rouge et de l'ordre de la couronne de Prusse, commandeur de l'ordre badois du Lion de Zæhringen. Au Landesausschuss, il préside depuis des années le groupe agricole, dont l'assemblée a plus d'une fois éprouvé l'influence sur ses décisions.

ERNEST LEHR

LEHR, Ernest

URISCONSULTE, numismate et généalogiste. Quoique né à Saint-Dié (Vosges), le 13 mai 1835, M. Lehr a, comme Ch. Gérard, tous les titres pour figurer dans cette galerie d'Alsaciens. Son père, de Mulhouse, était l'aimable traducteur de Pfeffel; sa mère était la fille du célèbre anatomiste Thomas Lauth, la belle-sœur de l'archéologue G. Schweighæuser. Toutes ses études, il les a faites à Strasbourg, d'abord à l'ancien collège royal, puis à la faculté de droit. A 17 ans, il était bachelier ès-lettres, ès-sciences, à 18, licencié en droit, lauréat de la faculté et avocat à 21, docteur à 22 ans. Le Consistoire supérieur et le Directoire de la Confession d'Augsbourg adoptèrent immédiatement ce brillant sujet et en firent leur secrétaire général, fonctions qu'il échangea, en 1869, contre celles de membre titulaire du Consistoire supérieur pour l'inspection de la Petite-Pierre. Un *Dictionnaire d'administration ecclésiastique* (Paris et Strasbourg, 1869, in-8°) depuis longtemps épuisé, est le fruit des études spéciales du jeune fonctionnaire, qui trouvait encore, dans la même période, le loisir de s'occuper d'importants travaux d'érudition, au premier rang desquels il convient de citer des *Études sur l'histoire et la généalogie de quelques-unes des principales maisons souveraines de l'Europe* (Strasbourg, 1866, in-4°) et l'*Alsace noble* (Strasbourg, 1870, 3 vol. in-4°), devenue l'une des raretés de notre bibliothèque historique, depuis que tout le stock de l'édition a péri dans l'incendie de la maison Berger-Levrault à Nancy. Citons encore un volume de *Mélanges de littérature et d'histoire alsatiques*

(Strasbourg, 1870, in-8°), quatre volumes de *Récits de voyages dans les cinq parties du monde* (Strasbourg, 1870-1872, in-8°) et un volume sur *les Ecus de cinq francs étudiés au point de vue de la numismatique et de l'histoire* (Strasbourg, 1870 in-8°). Le titre de correspondant de la Société industrielle de Mulhouse, de l'Académie de Stanislas de Nancy et de la Société d'émulation des Vosges fut la récompense de ces premiers travaux.

Survint la guerre, qui surprit l'Alsace et la France, quoiqu'on dût l'appréhender depuis Sadowa. Pendant le siège de Strasbourg, Ernest Lehr fit son devoir à la fois comme secrétaire du comité central de secours aux blessés et comme garde national. Capitaine au 4ᵉ bataillon, ce fut lui qui commanda la dernière garde, sous le drapeau français, au poste de l'Hôtel du Commerce, où s'était installée la municipalité provisoire.

Lorsque la paix fut conclue, il se trouvait à Lausanne, où il s'était réfugié avec sa famille. Dès son arrivée, le gouvernement vaudois l'avait chargé, à l'Académie, de l'enseignement du droit civil français, dont la chaire était momentanément vacante. M. Lehr avait des fils qu'il ne pouvait pas ramener en Alsace : cet accueil le décida, tout en restant Français, à se fixer en Suisse, ce pays avec lequel l'Alsace se sent tant d'affinités. Il devint professeur ordinaire, à la condition de donner plus d'ampleur à son cours : il y ajouta l'enseignement du droit civil germanique; l'année suivante, celui des diverses législations civiles cantonales de la Suisse. Ces cours venaient à leur heure, alors qu'en Suisse l'opinion réclamait péremptoirement la refonte et l'unification des vieilles coutumes cantonales, et ils ont certainement préparé les juristes des cantons de langue française à bien comprendre les nouvelles lois fédérales, où l'élément germanique tient une si grande place. Ernest Lehr prit une part officielle à leur promulgation, comme traducteur français du code des obligations.

Son enseignement lui donna sujet d'élargir de plus en plus le cadre de ses études : il finit par les étendre même aux diverses législations civiles de l'Europe non codifiées. Dans cet ordre de travaux, il fit paraître successivement ses *Eléments de droit civil germanique* (Paris, 1875, in-8°); la première partie de ses *Eléments de droit civil russe* (Paris, 1877, in-8°), honorée d'une importante souscription du gouvernement impérial; ses *Eléments de droit civil espagnol* (Paris, 1880, in-8°); enfin ses *Eléments de droit civil anglais* (Paris, 1885, in-8°), récompensés, en 1888, par l'Académie des sciences morales et politiques.

Tous ces travaux que l'auteur menait de front avec un enseignement fort absorbant, avec la présidence de la Société française de bienfaisance, avec les fonctions d'avocat-conseil de l'ambassade de France en Suisse, avaient fini par altérer sa santé; il se décida à renoncer à sa chaire pour se vouer entièrement aux études qui avaient trouvé si bon accueil, à l'étranger aussi bien qu'en France. En 1884, il donna sa démission de professeur titulaire à l'Académie de Lausanne; depuis il n'est plus rattaché à l'université vaudoise que par les liens de l'honorariat.

Mais à peine eut-il ainsi allégé sa tâche, que l'administration du *Recueil général des lois et du Journal du Palais* lui demanda sa collaboration pour son *Répertoire général de droit*, où M. Lehr est spécialement chargé des articles de droit des gens et de législation comparée, ce qui ne l'empêche pas d'écrire simultanément pour la *Grande Encyclopédie* de Lamirault, pour le *Journal de droit international privé*, pour l'*Annuaire de législation étrangère* et pour la *Revue de droit international et de législation comparée.*

Parallèlement à ce labeur incessant, Ernest Lehr a publié dans ces dernières années : *La Handfeste de Fribourg dans l'Uechtland* (Lausanne, 1880, in-8°); *Essai sur la numismatique suisse* (Lausanne, 1875, in-8°); avec M. J. Crépon : *Manuel des actes de l'état civil en France et à l'étranger* (Paris, 1887, in-12); avec M. Arthur Engel : *Numismatique de l'Alsace* (Paris 1887, in-4°), couronnée en 1888 par l'Académie des inscriptions et belles-lettres; une traduction française des *Principes de la politique de Fr. de Holtzendorff* (Hambourg, 1887, in-8°); *Manuel des agents diplomatiques et consulaires français et étrangers* (Paris 1888, in-12), tirage à part d'un article du *Répertoire général de droit; Etudes sur le nouveau code pénal* et *sur le nouveau code de commerce du Portugal* (Bruxelles et Paris, 1888, in-8°). Une traduction annotée de ce dernier code, par M. Lehr, est actuellement sous presse à l'imprimerie nationale à Paris, ainsi qu'un volume sur le nouveau code civil espagnol de 1888.

M. Lehr doit à ses travaux quelques-unes des plus rares distinctions auxquelles un jurisconsulte puisse prétendre : il est chevalier de la Légion d'honneur, commandeur des ordres de St.-Stanislas de Russie, de Charles III d'Espagne et du Christ de Portugal; il est membre correspondant de la Société de législation comparée de Paris, des Académies de Toulouse et de Madrid, et, ce qui l'emporte sur tout le reste, depuis 1887, membre effectif de l'Institut de droit international. Par ce dernier titre, il a pris rang parmi les jurisconsultes éminents qui, par le droit et par la justice, ont entrepris de rendre son unité morale à l'Europe.

X. Mossmann.

Edmond WILLM

WILLM, Edmond

La nombreuse phalange des chimistes alsaciens qui a eu l'honneur de compter parmi les siens deux chefs de l'école moderne : Gerhardt et Wurtz, est heureuse et fière d'avoir en ce moment à sa tête trois maîtres tels que : Ch. Friedel, P. Schutzenberger et Ed. Willm.

Jules Edmond Willm, professeur de chimie générale à la Faculté des sciences de Lille, est né à Strasbourg le 2 décembre 1833; après avoir fait de fortes études au Gymnase protestant, il commença à s'exercer aux manipulations chimiques au laboratoire de l'Ecole supérieure de pharmacie, puis sous l'habile direction de Gerhardt au laboratoire de la Faculté des sciences de Strasbourg.

En 1855, notre compatriote quitte sa ville natale pour venir à Paris travailler au laboratoire de Wurtz et débute sous les auspices de ce maître en publiant l'année suivante un intéressant travail sur l'acide monochloracétique et ses dérivés.

Au commencement de l'année scolaire 1856-57, il est appelé à remplir les fonctions de préparateur de chimie à l'Ecole supérieure des sciences appliquées de Mulhouse. Willm occupe ce poste jusqu'en 1860 sous la direction bienveillante de Schutzenberger et publie, en collaboration avec ce savant, plusieurs travaux importants sur les dérivés de la naphtaline.

En même temps, il publiait en son nom personnel un remarquable mémoire sur les couleurs d'aniline. Ces couleurs artificielles, si répandues aujourd'hui, étaient alors à leur début, leurs propriétés étaient à peine connues; la Société industrielle de Mulhouse s'empressa de couronner ce mémoire en décernant à l'auteur une médaille d'argent.

Willm revient à Paris en 1860, il est mis en rapport avec l'illustre Dumas, qui en fait son secrétaire et son collaborateur pour la publication des œuvres complètes de Lavoisier.

Nommé préparateur du cours de chimie médicale à la Faculté de médecine de Paris en 1863, et après avoir soutenu d'une façon brillante une thèse sur le Thallium, il obtient, en 1865, le grade de docteur ès-sciences-physiques. — Désigné, en 1867, pour suppléer pendant un semestre M. Liés-Bodart, professeur à la Faculté des sciences de Strasbourg, le jeune docteur se fait remarquer et occupe avec distinction cette chaire illustrée par Gerhardt et par Pasteur.

A son retour à Paris, il est nommé chef des travaux pratiques de chimie à la Faculté de médecine, il occupe pendant douze ans ce poste important en même temps que celui de chef des travaux du laboratoire de Wurtz et, en 1880, il va prendre possession de la chaire de chimie générale de la Faculté des sciences de Lille.

Pendant cette période, Willm publie avec M. E. Caventou des recherches sur les alcaloïdes des quinquinas dans lesquelles ces savants font connaître un nouvel alcaloïde : l'hydrocinchonine 1869. Et de 1875 à 1877, en collaboration avec M. Ch. Girard, il fait paraître plusieurs beaux travaux sur les matières colorantes artificielles.

En 1877, sur la présentation de Wurtz, alors président du comité consultatif d'hygiène de France, le ministre du commerce charge Willm de procéder à la révision des analyses d'un certain nombre d'eaux minérales (Aix-les-Bains, Challes, Royat, la Bourboule, etc.)

Ce travail de révision, fait en vue d'une nouvelle publication de l'*Annuaire des eaux minérales de France*, ne tarda pas à prendre un caractère beaucoup plus général, il s'est étendu à la plus grande partie de nos eaux minérales. Notre compatriote y a consacré sa vie, il en a fait son œuvre en effectuant successivement l'analyse des principales sources minérales des Vosges, de l'Auvergne et de la chaîne des Pyrénées. Ce travail considérable n'est pas encore terminé, la chaîne des Alpes a été entreprise cette année, Willm continue ses analyses si délicates avec l'habileté, la conscience et la rigueur qui ont fait apprécier si haut ses travaux par le monde savant. Aussi, sur la proposition de l'Académie de médecine, le ministre du commerce lui décerna, en 1882, une médaille d'or pour l'ensemble des analyses publiées à cette époque; et, en 1888, la Croix de Chevalier de la Légion d'honneur accordée sur la proposition du ministre du commerce, récompensa dignement plus de dix années d'un travail ingrat, que quelques spécialistes pouvaient seuls apprécier à sa juste valeur. Notre compatriote était déjà Officier de l'Instruction publique.

Mais Willm ne s'est pas borné à produire ces importants travaux de laboratoire, ses œuvres bibliographiques nous montrent son ardeur au travail et sa grande érudition.

Dès l'année 1864, il commence à collaborer à la rédaction du *Bulletin de la Société chimique de Paris;* en 1868, il est nommé secrétaire de cette société savante et à ce titre dirige la rédaction de son bulletin pendant dix ans en faisant personnellement la plus grande partie des extraits des mémoires publiés par les savants français et étrangers.

La Société chimique de Paris a rendu un juste hommage de reconnaissance à son ancien secrétaire en le nommant président pour l'année 1884. Willm a encore collaboré très activement au *Dictionnaire de chimie pure et appliquée* de Wurtz et au *Dictionnaire encyclopédique de médecine* du docteur Dechambre, un grand nombre d'articles très remarqués de ces deux ouvrages portent sa signature.

En 1866, il a traduit de l'anglais, le manuel de chimie d'Odling, et cette année il vient de faire paraître en commun avec M. Hanriot, professeur agrégé à la Faculté de médecine de Paris, un grand traité de chimie en quatre volumes. Les deux premiers volumes de cet ouvrage classique sont consacrés à la chimie minérale ; cette partie qui est l'œuvre personnelle de notre compatriote a été particulièrement remarquée, elle renferme sous une forme claire, concise et méthodique l'état exact des connaissances chimiques actuelles.

Anatole Dupré
sous-directeur du laboratoire municipal
de Paris.

BRION, Gustave

BRION, Gustave-Adolphe

Naquit à Rothau le 24 novembre 1824. Son grand-père y avait exercé les fonctions de pasteur, et son père y était entrepreneur-architecte. Sa famille étant venue en 1831 se fixer à Strasbourg, Gustave Brion fit ses études au Gymnase protestant. Destiné par son père à l'architecture, il avait déjà fait dans ce but de sérieuses études auprès du statuaire Friedrich, lorsqu'il se sentit pour la peinture et le dessin un entraînement irrésistible. Il entra en 1840 dans l'atelier de Gabriel Guérin, peintre paysagiste, dont le frère était directeur du Musée de Strasbourg. Il fit là des progrès rapides et ensuite c'est dans la nature elle-même qu'il chercha ses inspirations ; il fit des études de paysages, se créa une manière à lui, et bientôt, malgré son jeune âge, trouva des ressources en donnant des leçons dans les meilleures familles strasbourgeoises. Son premier tableau exposé fut un *Intérieur de ferme à Dambach*, qui figura au salon de 1847.

En 1850, Brion quitta Strasbourg pour venir à Paris, où il travailla d'abord chez Haffner, peintre alsacien. Puis il installa lui-même un atelier, et là, obligé de travailler sérieusement pour gagner sa vie, il fit des lithographies, des eaux fortes, des illustrations pour les livres ; il n'osait que timidement aborder la peinture.

En 1852 il exposa, avec crainte d'être refusé, un petit tableau, le *Chemin de halage*, qui fut remarqué. Encouragé par ce résultat, il se mit au travail, et exposa l'année suivante la *Récolte des pommes de terre pendant l'inondation* et les *Schlitteurs de la Forêt-Noire*, qui obtinrent un succès réel et lui valurent une médaille de seconde classe. Le tableau des Schlitteurs fut acquis par le Musée de Strasbourg, où il fut malheureusement brûlé pendant le bombardement en 1870.

Gustave Brion avait trouvé sa voie, et désormais à chaque exposition on voyait un de ses sujets favoris, sujets familiers, empruntés aux provinces des bords du Rhin, fidèles à la couleur locale. Il aimait à reproduire ces intérieurs aux détails caractéristiques, ces physionomies particulières, respirant la santé et la bonhomie, ces costumes traditionnels d'une simplicité pittoresque. Sans doute il idéalisait un peu le tout, mais ce n'était pas sans charme qu'il traduisait avec une certaine poésie rustique, des mœurs simples et locales.

Le *Train de bois sur le Rhin* et l'*Enterrement dans les Vosges*, exposés en 1855, placèrent Brion au premier rang parmi les peintres de genre. Dès cette époque son succès fut assuré. Il produisit successivement : la *Fête-Dieu* et la *Source miraculeuse*, en 1856, les *Saltimbanques du moyen-âge*, en 1857, un *Enterrement sur le Rhin* et le *Jeu de quilles*, en 1859.

Les sujets qu'il traitait étaient bien conçus, bien agencés, solides dans le fond et dans la forme. Il savait concentrer l'intérêt sur le groupe principal; la lumière bien comprise, distribuée à propos, était tantôt chaude et puissante, tantôt douce et ménagée, en harmonie avec le sujet même.

Brion a du reste tenté tous les genres, et a montré qu'il avait le talent nécessaire pour réussir dans chacun. En 1861, à l'époque où l'empereur Napoléon III écrivait son livre sur la Vie de César, Brion fut chargé de faire un tableau représentant les épisodes militaires d'un siège dans l'antiquité. Il y réussit parfaitement. Son *Siège d'une ville par les Romains sous Jules César*, avec balistes et catapultes, fut fort remarqué à l'Exposition de 1863. Pour les gens du monde, c'était une composition instructive; pour les amateurs, c'était une toile exquise.

Mais si heureuses qu'aient pu être pour Brion ces incursions dans le domaine de l'histoire, elles n'ont été dans sa vie d'artiste que des accidents. On a quelquefois regretté qu'il ne se soit pas élevé au-delà du genre qu'il avait choisi d'abord et où il revenait de préférence.

Il a aussi représenté quelques scènes bibliques : *Jésus et Pierre marchant sur les eaux* (1863) et la *Fin du déluge* (1864). Le Louvre possède ce dernier tableau. Mais dans ces peintures, c'est toujours le sentiment pittoresque qui prédomine.

Malgré son goût pour les mœurs alsaciennes, Brion a fait des incursions dans d'autres provinces. Son voyage dans l'ouest de la France lui a inspiré : *Breton et Bretonne causant au bord d'un puits* et une *Porte d'église en Bretagne pendant la messe* (1859). En visitant le midi, il a peint en 1857 plusieurs sujets basques; il a pénétré jusqu'en Espagne et en a rapporté la *Quête au loup* (1864).

Brion a vu Naples, Rome et Florence, mais une seule ville l'a arrêté en Italie, c'est Venise. En 1870, il a peint un *Enterrement à Venise*.

Mais ses sujets de prédilection étaient toujours tirés de la vie alsacienne. Tout son génie s'est dépensé dans la pénétration des scènes de la vie de famille, du mobilier, de la maison, de la ferme, du cabaret alsaciens. Les fiançailles, le mariage, les noces, le baptême ont été représentés par lui dans différentes compositions. Il en est de même des habitudes de piété existant dans un bon nombre de familles patriarcales. Personne n'a su unir, comme Brion, le caractère sérieux des impressions de l'âme avec les détails piquants du costume et des accessoires.

Le *Bénédicité*, tableau de genre remarquable autant par l'esprit de sa composition que par sa facture, lui mérita en 1863 une médaille de première classe et la croix de la Légion d'honneur. L'année suivante parurent les *Pèlerins de Sainte-Odile* (qui se trouve au musée du Louvre), le *Retour des pèlerins*, et en 1867 la *Fête des rois en Alsace*.

En 1868, il obtint le plus grand succès du salon avec son tableau : *La lecture de la Bible*, qui lui valut du reste la plus haute récompense : la grande médaille d'honneur. Ce tableau, popularisé par la gravure, la lithographie et la photographie, se trouve à Berlin.

En 1867 il avait représenté l'*Invasion en Lorraine*, souvenir du passé, qui devait avoir quelques années après plus d'actualité. En 1873 il a peint : les *Nouvelles de France*, que possède le Musée de Colmar. Ses dernières œuvres, exposées au Salon de 1877, ont été : le *Réveil* et le *Campement de pèlerins sur le mont Sainte-Odile*.

Dessinateur excellent, Brion a représenté avec beaucoup d'allures une série de scènes et de types empruntés aux œuvres de Victor Hugo ; il a illustré les *Misérables*, les *Travailleurs de la mer*, *Notre-Dame de Paris*. Là encore il s'est montré scrupuleux de la vérité du costume et lecteur intelligent du texte. En dernier lieu, il commençait l'illustration de l'*Histoire d'un crime* et de *Quatre-vingt-treize*, lorsque la mort est venue le trouver et l'enlever en quelques heures, le 4 novembre 1877, dans sa 53e année.

Emile Dietz.

ANT. MEYER, PHOTOG. COLMAR   DÉPOSÉ

David GRUBER

GRUBER, David

1825-1880

Brasseur à Strasbourg-Kœnigshofen, a été un des principaux promoteurs de son industrie, à laquelle il a fait réaliser des progrès considérables. Il est né à Phalsbourg le 25 octobre 1825 et mort le 31 octobre 1880 à Kœnigshofen. Après avoir débuté par l'étude de la théologie au séminaire protestant de notre métropole alsacienne, il se tourna vers les sciences exactes pour aborder la chimie, à l'âge de vingt-quatre ans, en qualité d'élève pharmacien au laboratoire de l'hôpital civil de Strasbourg, sous les auspices de M. Hepp. A cette époque, Liebig venait de publier sa théorie des ferments, théorie qu'un de nos savants chimistes alsaciens, M. Paul Schützenberger, membre de l'Académie des sciences de Paris, a développée depuis dans son traité classique sur *les Fermentations*, publié en 1885. En expérimentant la théorie nouvelle, avant les premiers travaux de Pasteur sur cette question, aujourd'hui si importante, le jeune Gruber arriva à la fabrication rationnelle de la bière.

La grande bassine du laboratoire de l'hôpital civil servait aux essais du futur brasseur de Kœnigshofen. Ses essais pourtant ne réussissaient pas toujours. Quand un bon brassin sortait de la bassine, les camarades de la pharmacie étaient invités à déguster le produit. Trouvant que sa bière théorique laissait souvent à désirer, David Gruber trouva opportun d'apprendre les procédés de fabrication chez les gens du métier. Pour cela il se fit apprenti à la brasserie des *Trois-Rois* et travailla ensuite comme ouvrier à la *Lanterne*, non sans achever ses examens de pharmacie. Vers 1855, le pharmacien brasseur duement diplômé, loua à Kœnigshofen, aux portes de Strasbourg, la petite brasserie Clausing, dont la chaudière contenait seulement 10 hectolitres. C'est ce modeste établissement, qui devint dans ses mains une des principales usines à bière du pays. Pour disposer du capital nécessaire à son entreprise, Gruber s'associa d'abord son frère, puis M. Reeb, un ancien camarade de l'hôpital civil, pharmacien également.

Pénibles furent les commencements, ce qui donne d'autant plus de mérite à la persévérance couronnée par la prospérité actuelle de la maison. « La bière nouvelle, dit M. Ferdinand Reiber, dans ses *Etudes gambrinales*, était taxée ironiquement de bière des pharmaciens, et on la dénigrait à l'envi. M. Gruber répondait aux envieux et aux calomniateurs en redoublant d'activité. Ayant les aptitudes industrielles et commerciales, non moins que scientifiques, il se créa des ressources et eut le bonheur de trouver aide et appui intelligents. Ce fut la création de son *bock-ale* qui le mit sur le chemin de la fortune. La bière *bock* Gruber, une bière blonde et pâle, est, en effet, une spécialité inimitable, et sa fabrication constitue un véritable arcane, qui ne s'est encore révélé à aucun chercheur. Elle fut d'abord débitée à Strasbourg, au *Cigne blanc*, dans la Grand'rue, une taverne aujourd'hui disparue. Dès le début, M. Gruber occupa volontairement une place à part parmi les brasseurs de Strasbourg. La création des vastes caves de Kœnigshofen, le raccord de l'usine aux voies ferrées par un embranchement pénétrant dans les caves mêmes, constituent d'heureux progrès. Ces caves étaient maintenues à une très-basse température par des glacières approvisionnées par des prairies adjacentes, spécialement disposées à cet effet, et artificiellement inondées en hiver; elles furent aussi un grand élément de succès. « La voie nouvelle ouverte par le jeune brasseur chimiste, surtout après ses études micrographiques sur les ferments, forçait ses confrères en brasserie à rompre avec les anciens errements et à s'inspirer des données de la science.

Une installation rationnelle de l'usine, le choix scrupuleux des matières premières de bonne qualité, unis à la vigilance et à l'activité du chef expliquent la réussite définitive de l'entreprise. Partant du principe, établi par les découvertes encore récentes de Pasteur, que ce sont des germes organiques infiniment petits qui produisent les fermentations de mauvaise nature, David Gruber construisit et aménagea sa brasserie de Kœnigshofen de manière à résister victorieusement aux microbes dangereux pour un produit de choix. Le produit de ses brassins était garanti du contact de ces ennemis microscopiques présents partout et toujours à la recherche d'une substance à décomposer. Plus tard encore par la suppression des bacs, ces vastes réservoirs ouverts et à fond plat, favorables à recueillir les germes ennemis que l'air tient en suspension, ainsi que la suppression des pompes et des tendelins transvaseurs, on réussit à diminuer beaucoup, sinon à supprimer complètement les chances d'ensemencement de la bière par les ferments de maladie. Ajoutez le chauffage à la vapeur, qui permet de régler la température à volonté et de travailler comme il faut, et vous aurez les principales innovations introduites par le grand brasseur de Kœnigshofen, adoptées aussi par les autres maisons du rayon de Strasbourg, les Schützenberger, les Erhardt, les Hatt, les Boch.

Telle que nous la voyons aujourd'hui, la fabrication de la bière est sortie de l'ancienne routine, pour prendre ou adopter des méthodes rigoureusement scientifiques. Tous les perfectionnements de cette grande industrie alimentaire, qui ont fait aux brasseurs de Strasbourg une réputation méritée, ne se réduisent pas seulement à l'amélioration de l'outillage et des procédés. Le bon choix des matières premières, l'amélioration de l'orge et du houblon par la culture exercent aussi une influence considérable sur la valeur des produits. David Gruber était bien pénétré de la vérité de ce fait. En ce qui concerne l'orge particulièrement, il ne négligea rien pour répandre et développer dans le pays la culture de l'orge chevalier, la meilleure variété employée par la brasserie. Cette variété est due à une sélection patiente, qui demande une attention continue pour se maintenir ou se perfectionner encore. Non content de prêcher d'exemple en cultivant lui-même une partie de l'orge employée dans son établissement, le fondateur de la brasserie de Kœnigshofen, l'intelligent créateur du bock-ale institua entre les cultivateurs de l'Alsace-Lorraine, avec la coopération des brasseurs et des malteurs strasbourgeois, sous les auspices de la Société des sciences, agriculture et arts un concours annuel pour récompenser les plus belles récoltes d'orge chevalier.

CHARLES GRAD

SOURCES. — Reyber : *Etudes Gambrinales*, Paris, 1882. Musculus : *Notice nécrologique sur David Gruber*, lue à la Société des sciences, agriculture et arts de la Basse-Alsace, Strasbourg, 1880.

GÉNÉRAL DE NÉGRIER, François-Oscar

DE NÉGRIER, François-Oscar

La famille de Négrier, originaire du Maine, a conquis son illustration par l'épée. Le chevalier de Négrier était capitaine de vaisseau sous Louis XVI. Quand vint la Terreur, il émigra pour sauver sa tête menacée et se réfugia à Lisbonne. Il laissa deux fils. L'aîné, François, oncle du général actuel, membre de l'Assemblée nationale, où l'avaient envoyé les électeurs du département du Nord, fut tué en juin 1848. Le cadet, Ernest-Frédéric-Raphaël, aujourd'hui général au cadre de retraite, est le père de François-Oscar de Négrier. Après avoir fait pendant longtemps la guerre dans les grades subalternes et s'y être distingué, il commanda, en 1859, la brigade de la division Ladmirault qui enleva aux Autrichiens le cimetière de Solférino.

Le général de Négrier est, comme on le voit, de bonne souche. Né à Belfort, le 2 octobre 1839, il entra à l'école de Saint-Cyr, à l'âge de dix-sept ans. Il fallut que son père obtînt une dispense spéciale pour qu'il fût admis à cet âge. Au lieu de deux années d'études à l'Ecole, il en fit trois, ayant eu le malheur de tuer en duel un de ses camarades. Il fut constaté que tout s'était passé avec la plus grande loyauté, mais, pour l'exemple, le ministre de la guerre décida qu'il serait éloigné de Saint-Cyr pendant une année.

Nommé sous-lieutenant, en 1859, au 3ᵉ bataillon de chasseurs à pied, le jeune de Négrier passa, quatre ans plus tard, lieutenant au 16ᵉ bataillon du corps d'élite, et capitaine, le 11 mars 1869, au 2ᵉ bataillon qui fit partie, en 1870 du 4ᵉ corps (Ladmirault) de l'armée du Rhin. Il avait déjà fait plusieurs campagnes en Afrique (1864-1866), à la suite d'un séjour à Rome de trois ans (1860-1863). A Saint-Privat (18 août), le capitaine de Négrier fut blessé au jarret gauche, à la tête de sa compagnie. Il se distingua d'une façon si exceptionnelle pendant cette bataille, qu'il obtint une citation suivie, le 24 septembre, de la croix de la Légion d'honneur. Lors de la capitulation de Metz, il n'était point encore guéri de sa blessure, et se trouvait à l'hôpital. Il s'en échappa, le 3 novembre, à ses risques et périls, en traversant, à cheval et en tenue, les lignes allemandes. Le jeune officier se jeta aussitôt en Belgique, d'où il se rendit à Lille, où il vint se mettre à la disposition du général Faidherbe, qui lui donna le commandement du 24ᵉ bataillon de marche des chasseurs à pied. C'est à la tête de cette vaillante troupe qu'il prit une part si brillante aux opérations de l'armée du Nord. A la bataille de Villers-Bretonneux (27 novembre) un coup de feu l'atteignit au bras gauche; la veille de Saint-Quentin, il fut frappé par un éclat d'obus.

Après la guerre, il retourna en Afrique, et fit partie de la colonne expéditionnaire de Milianah, chargée d'opérer dans le sud. Il commanda un bataillon du 11ᵉ provisoire, celui-là même qui se signala par son intrépidité à la prise de Thanouts et d'Ighil-Ouzou, en Kabylie (août 1871).

Comme tous les officiers qui avaient été promus à des grades supérieurs par mesure exceptionnelle, le commandant de Négrier vit ses titres de nomination soumis à l'examen de la commission de révision des grades, qui, édifiée sur les services particuliers qu'il avait rendus, le confirma dans son emploi de chef de bataillon. Le ministre de la guerre l'appela au commandement du 25ᵉ bataillon de chasseurs qui avait été définitivement constitué (6 septembre 1872).

Promu lieutenant-colonel au 140ᵉ, le 8 octobre 1875, et colonel du 79ᵉ, à Neuf-Château, quatre ans plus tard, M. de Négrier obtint, sur la demande du général Saussier, gouverneur de l'Algérie, d'aller prendre le commandement du régiment de la Légion étrangère à Sidi-bel-Abbès. Le colonel de Négrier fit, avec son régiment, des prodiges dans le sud oranais, alors en insurrection. Pour aller frapper plus sûrement les tribus révoltées, il montait ses soldats sur des mulets, et leur faisait ainsi franchir des étapes de 60 kilomètres, tombant sur l'ennemi au moment où il s'y attendait le moins. Les hommes arrivaient tout dispos, reprenaient gaiement leurs fusils portés jusque-là en bandouillère, semaient la mort parmi les rebelles et leur enlevaient leurs troupeaux. On se souvient de la Kouha-d'El-Abid, qu'il détruisit, afin de transporter dans un lieu plus directement soumis à la surveillance de l'armée française un monument religieux qui, loin d'elle, était le rendez-vous des révoltés et des prêcheurs de guerre sainte. Ce fait fit grand bruit et la presse chercha à le présenter comme attentatoire à la foi musulmane. On en jugea autrement dans la province d'Oran. Le colonel de Négrier n'avait fait, en somme, que châtier une population révoltée et rétablir la confiance chez les colons. Non seulement on y approuva sa conduite, mais on voulut lui donner un témoignage de reconnaissance. Un comité se forma à Oran pour organiser une souscription dont le produit serait employé à lui offrir une épée d'honneur. Lorsque Négrier connut cette décision, il écrivit au comité pour le remercier de son initiative, ajoutant qu'il ne devait trouver la récompense de ses services que dans la satisfaction du devoir accompli.

D'Afrique, M. de Négrier alla au Tonkin, où il commanda la 2ᵉ brigade du corps expéditionnaire. On lui donna là-bas le surnom de Mahou-len, mot annamite qui signifie « vite ». Le fait est qu'il ne se ménage guère et qu'il connaît le prix du temps. Après la prise de Bac-Ninh, due à son intelligente direction, il fut élevé à la dignité de grand-officier de la Légion d'honneur. Il écrivit alors à l'amiral Courbet, pour lui dire combien il avait eu à se féliciter de la vaillante conduite de ses marins. L'amiral, en le remerciant, lui répondit que ses marins suivraient un tel chef jusqu'au bout du monde.

Le 8 octobre 1884, il quittait Plu-Lang, le poste français le plus avancé dans la direction de Lang-Son et arrivait, après une marche rapide, devant Lang-Kep, occupé par 6000 réguliers chinois qui s'étaient habilement retranchés sur ce point. Le combat dura cinq heures; le village fut cerné, le réduit central attaqué et pris à la bayonnette; mais la position était tellement fortifiée, qu'il fallut la battre en brèche et donner l'assaut. Le général de Négrier reçut une blessure à la jambe dans cette journée, où il fut remarquable de sang-froid et d'héroïsme. Rentré en France, il a été appelé depuis au commandement d'une division d'infanterie à Besançon. C'est un des officiers les plus distingués de l'armée française et Belfort peut être fier de lui avoir donné le jour.

AUGUSTE STŒCKLIN

STOECKLIN, Auguste

Inspecteur général des ponts et chaussées en France, est né à Colmar, Alsace, le 8 septembre 1826. Après de bonnes études au collège communal de sa ville natale, où son père exploitait une filature de coton, il passa en 1845 à l'école polytechnique de Paris, puis à l'école des ponts et chaussées, dont il sortit comme ingénieur, après avoir été chargé successivement de plusieurs missions à Saverne, à Marseille et en Algérie, ainsi qu'en Belgique, en Allemagne, en Autriche et en Italie, dans l'intervalle des années 1848 à 1850. Ses aptitudes diverses et son application au travail le firent attacher ensuite pendant une année au conseil général des ponts et chaussées, comme secrétaire adjoint. C'est en cette qualité qu'il visita en 1851 la première exposition universelle à Londres. Nommé ingénieur de l'arrondissement de Saverne en 1851, il fut attaché de janvier 1854 à juin 1862 aux travaux de régularisation du Rhin dans la Haute-Alsace, avec résidence à Colmar, où il s'est marié en 1859, où il fut élu aussi au conseil municipal et au consistoire protestant. Un congé temporaire lui permit en 1861 d'aller en Egypte, où il étudia la construction d'un port et d'un bassin de radoub à Suez, construit aux frais du gouvernement égyptien lors de l'ouverture du canal maritime. La construction du bassin de radoub et du port a été terminée sous sa direction au mois d'août 1866, en même temps qu'il élevait à Suez l'hôpital français, les ateliers des Messageries maritimes, avec l'établissement d'une distribution d'eau et d'une bibliothèque, fondée celle-ci avec le concours de la Société Franklin. En 1863, nous trouvons M. Stœcklin à Damas et en Syrie, où il a préparé l'avant-projet du port de Beyrouth. Depuis 1867, il a repris son service au corps des ponts et chaussées en France, remplissant tour à tour les fonctions d'ingénieur du port de Bordeaux et du service maritime des Basses-Pyrénées, puis ingénieur en chef du service maritime du Pas-de-Calais jusqu'en 1879, ingénieur en chef du département des Bouches-du-Rhône à Marseille jusqu'à sa nomination au grade d'inspecteur général le 1er octobre 1883, poste le plus élevé de l'administration où il a fourni une carrière féconde.

Parmi les ouvrages spéciaux exécutés par cet ingénieur distingué, dans l'exercice de ses fonctions, il faut signaler particulièrement son *Etude de la régularisation du cours de la Fecht et du chemin de fer de Colmar à Munster*, publiée à Colmar en 1857, en même temps qu'il dirigeait l'établissement de pisciculture créé à Huningue sous l'impulsion de M. Coste, le savant embryogéniste. Pendant sa résidence à Bayonne de 1868 à 1874, il a exécuté les travaux de l'embouchure de l'Adour et de la baie de Saint-Jean-de-Luz, simultanément avec des voyages d'études dans les ports de la Bretagne et de l'Océan. Nommé en septembre 1874 chef du service maritime du Pas-de-Calais, il a préparé les grands travaux des ports de Calais et de Boulogne, trouvé et appliqué avec le concours de MM. Vetillart et Delannoy un système de fonçage des pieux par l'injection d'eau, procédé particulièrement avantageux sur les plages de sable. Après avoir fait pour le département de la Seine les travaux de défense du grand hôpital de Berck-sur-Mer, il a été chargé par le ministre des travaux publics d'étudier, avec M. Laroche, son collègue au corps des ponts et chaussées, les ports établis sur des plages de sable en Belgique, en Hollande, en Angleterre, en Ecosse et en Irlande. Les résultats de cette mission ont été publiés en 1879 dans un rapport sur *les Ports maritimes, considérés au point de vue des conditions de leur établissement et de l'entretien de leur profondeur.* Ce rapport forme un volume in-8°, avec cartes et plans, dont une seconde édition vient de paraître à Boulogne chez l'éditeur Simonnaire. A Marseille, M. Stœcklin a achevé pour compte de la ville le bassin de décantation de Saint-Christophe. En 1880 et en 1882, deux voyages en Algérie, dans la province d'Oran, accomplis l'un comme arbitre pour régler les comptes du port de Beni-Saf, le second pour présider la commission désignée par le ministre de l'agriculture en vue de la réparation du grand barrage-réservoir de l'Habra. Depuis sa nomination au poste d'inspecteur général des ponts et chaussées, après avoir été détaché en 1883 au ministère de la marine et chargé en 1884 de l'inspection des départements du sud-ouest, le gouvernement lui a confié l'inspection de l'Algérie et de la Tunisie pour le service des travaux publics. Cette charge oblige M. Stœcklin à passer chaque printemps deux à trois mois dans la belle colonie africaine, qui est un prolongement de la France sur l'autre rive de la mer Méditerranée. Sous son impulsion active les travaux des ports, des routes, des chemins de fer et de l'aménagement des eaux sont poussés avec une vigueur conforme aux intérêts de la colonisation et transforment l'Algérie.

En Alsace, outre sa participation à la correction du cours du Rhin, entre Bâle et Rhinau, qui a eu pour résultat l'exemple à peu près unique d'un grand fleuve renfermé dans un lit artificiel, à l'abri des débordements, l'ouvrage de M. Stœcklin qui a le plus fixé l'attention est son projet de régularisation du cours de la Fecht avec un chemin de fer riverain de Colmar à Munster. Ce projet remonte à l'année 1857 et n'a pu être exécuté sous le régime français d'après les plans de son auteur : le chemin de fer a bien été construit avec des modifications de tracé avant l'annexion à l'Allemagne ; mais la correction de la Fecht reste encore en suspens. On le sait, la Fecht est un torrent des Vosges, qui se jette dans l'Ill, soumis à des variations de débit énormes, tantôt à sec sur une partie de son cours, tantôt débordant par dessus ses rives en se creusant par places un lit nouveau au grand préjudice des terres cultivées. M. Stœcklin, après une étude attentive du régime de nos torrents, proposa de renfermer la Fecht, comme le Rhin, dans un lit stable formé par des digues insubmersibles, en diminuant la pente au moyen de barrages successifs et munis de prises d'eau pour les irrigations. L'administration allemande s'occupe de réaliser aujourd'hui ce projet de correction.

Arrivé à la position la plus élevée dans le corps des ponts et chaussées, M. Auguste Stœcklin doit tous ses succès à un travail persévérant et consciencieux. Fais ce que doit, advienne que pourra, telle a été sa règle de conduite constante, dans une carrière féconde et qui peut être citée comme exemple. Pour compléter son instruction technique, l'éminent ingénieur a accompli des voyages fréquents dans tous les pays d'Europe depuis l'Espagne et la Norwège jusqu'à Constantinople. Aussi bien les distinctions honorifiques ne lui ont pas manqué. Il a été nommé chevalier de la Légion d'honneur en 1864 et officier du même ordre en 1887, officier du Medjidjé en 1866, grand-officier du Nicham de Tunis en 1887. Tout récemment le roi de Grèce vient de lui conférer la dignité de commandeur de l'ordre du Sauveur. CHARLES GRAD

ANT. MEYER, PHOTOG. COLMAR　　　　　　　　　　　DÉPOSÉ

Frédéric HARTMANN METZGER

HARTMANN-METZGER, Frédéric
1772-1861

CHEF d'industrie et pair de France, a été le fils aîné d'André Hartmann, fondateur de la grande maison qui continue à porter son nom avec honneur. Il est né à Colmar en 1772 et mort à Munster en 1861, à l'âge de 89 ans. Sa longue et laborieuse carrière, une des plus actives, des plus fécondes, dont les annales de l'Alsace contemporaine nous conservent le souvenir, a été consacrée à la défense des intérêts politiques du pays autant qu'au développement des usines de sa famille. Après quelques années passées à la pension du pasteur Billing, à Colmar, puis dans les écoles de Lyon, il se mit aux affaires de bonne heure. Dès sa première jeunesse, son énergie et son patriotisme le signalèrent à l'attention de ses concitoyens. A peine âgé de vingt ans, il fut désigné par la ville de Colmar pour porter avec trois autres délégués du département, parmi lesquels un Kœchlin, de Mulhouse, l'adhésion de nos districts du Haut-Rhin à la nouvelle constitution donnée à la France républicaine.

Admirateur ardent des conquêtes de la Révolution, gagné plus tard par les gloires du premier Empire, il ne pouvait sympathiser avec l'ancien régime. Pendant les quinze années de la Restauration M. Hartmann-Metzger se tint à l'écart de la politique militante, occupé tout entier, avec ses frères Jacques et Henri, de l'administration des manufactures de la maison, filatures et tissages de coton, avec d'importants ateliers d'impression sur tissus, ces derniers fermés depuis 1857. Aux élections législatives qui précédèrent la chute du roi Charles X, l'arrondissement de Colmar le nomma député à une grande majorité, lui renouvelant depuis son mandat sans interruption, à chaque législature nouvelle, seize années durant. La Révolution de juillet 1830 éclata pendant qu'il était en route pour Paris. Sous le gouvernement de Louis-Philippe son libéralisme instinctif le retint dans les rangs de la gauche dynastique. Mais les émeutes se succédant, après le sac de l'archevêché de Paris, l'amour de l'ordre le décida à quitter les partis de gauche, suspects de complaisance pour les émeutiers. A partir de 1832, nous le voyons dans les rangs du parti conservateur. Une grande droiture et le sentiment de la justice, unis à une parfaite indépendance de caractère, lui donnaient un ascendant positif sur ses collègues. Aussi ceux-ci le choisissaient presque toujours pour président de leur bureau. Le roi Louis-Philippe le tenait en grande estime et lui demandait souvent ses conseils. De même les princes lui témoignaient beaucoup de bienveillance. Dans ces circonstances il eut plusieurs conférences avec le duc d'Orléans pour l'ouverture de notre magnifique route de la Schlucht. Malheureusement les résistances du génie militaire empêchèrent l'exécution de ce projet par l'Etat.

Ces résistances, aujourd'hui inexplicables, décidèrent Frédéric Hartmann-Metzger à exécuter les parties supérieures de la route de la Schlucht avec son frère Henri, à frais communs. Les 4 à 5 kilomètres de la traversée du col n'ont pas coûté moins de 270,000 fr. à la famille. Plus tard, las de voir le département des Vosges remettre indéfiniment la continuation du passage sur son territoire, la maison Hartmann prolongea la route de ce côté jusqu'au Collet, sur une longueur supplémentaire de deux kilomètres à partir du Chalet. Sans la visite de l'empereur Napoléon III à Munster, en 1858, son achèvement complet se serait fait attendre longtemps encore, quoique Frédéric Hartmann y eut fait passer bien des années auparavant le général Foy, son ami, par un chemin de schlitte. Cette amitié avec le général Foy remontait aux années de la Révolution, alors que le grand orateur débutait comme lieutenant d'artillerie par la construction de quelques travaux de défense au Hohneck et au Rothenbach. Plus tard, Benjamin Constant fut aussi l'hôte de son collègue de la Chambre, à Munster. Sans contredit, la route de la Schlucht est une œuvre d'art remarquable par sa hardiesse, traversant les plus beaux sites des Vosges, depuis Munster jusqu'à Gérardmer.

En 1846, le roi Louis-Philippe éleva Frédéric Hartmann-Metzger au rang de pair de France. Le nouveau pair fut un partisan convaincu de Guizot, subjugué comme il l'était par le caractère élevé et l'intégrité parfaite du grand ministre. On se souvient qu'après le vote de l'indemnité Pritchard payée à l'Angleterre, le ministère se trouva réduit à une majorité de 5 voix. Guizot demanda à se retirer comme président du conseil. Alors se tinrent chez Hartmann-Metzger, à Paris, rue du Sentier, les réunions des notabilités du parti conservateur. Ces réunions étaient présidées par le maréchal Bugeaud. Leur influence décida Guizot à garder en main le pouvoir exécutif. Qui sait pourtant, si le ministère s'étant retiré, la France eût échappé à cette fatale révolution de 1848, source de tant de bouleversements et de malheurs pour le pays? Encore les princes d'Orléans pouvaient-ils revenir sur les décisions prises, pour accorder le droit de suffrage universel réclamé par l'opinion libérale, si le roi avait autorisé le maréchal Bugeaud à réduire les émeutiers de février par les armes.

Comme chef d'industrie, Frédéric Hartmann-

Metzger peut être cité comme un modèle à imiter. Le premier au travail, il donnait l'exemple à ses collaborateurs, imposant le respect à tout le monde. Munster lui doit sa belle maison d'école et il a contribué largement à la construction de ses salles d'asile, en même temps qu'il faisait réparer à ses frais, pour le musée de Colmar, le couvent des Unterlinden, avec son magnifique cloître. Heureux de faire le bien, il a secouru beaucoup d'infortunes. A ses neveux, il a inspiré la création des institutions de secours en faveur des ouvriers de la maison, bien avant le régime de la prévoyance obligatoire imposé en Allemagne par le gouvernement. Arrivée à une grande prospérité, fruit d'un travail persévérant, la maison Hartmann a été fort éprouvée dans les derniers temps dans la personne de ses chefs. Frédéric Hartmann-Metzger a atteint un âge avancé; mais ses neveux Frédéric et Henri, chargés après lui de la direction des manufactures de Munster, sont morts à quelques mois d'intervalle, en 1880 et en 1881. Bien plus, une mort prématurée a frappé également, à trente-trois ans, en 1884, M. Albert Hartmann, l'aîné des fils de Henri, sur lequel reposait tout l'espoir de la famille. Son frère cadet M. André Hartmann lui a succédé dans la gestion de la maison avec son oncle M. Alfred Hartmann anciennement associé de ses trois frères.

Charles Grad.

ANT. MEYER, PHOTOG. COLMAR   DÉPOSÉ

LE BEL, Joseph-Achille

LE BEL, Joseph-Achille

La famille Le Bel est originaire de Toulouse où elle avait acquis, par le privilège attaché aux fonctions de capitoul, les titres de petite noblesse. Par les femmes, ils descendent d'une branche d'émigrés de l'Edit de Nantes, issue de l'amiral Duquesne. *Antoine Le Bel* acquit dans la Basse-Alsace la concession pétrolifère de Pechelbronn de M. de la Sablonnière, lequel avait aussi créé l'établissement, ainsi que celui de Val Travers en Suisse. Il avait acheté également la seigneurie de Schönenbourg et des forêts; ces derniers biens furent perdus dans le naufrage révolutionnaire auquel il n'assista d'ailleurs plus, car il mourut en 1789. Son fils *Marie-Joseph Achille*, dut s'engager dans les sans culottes et faire le siège de Lyon, ce qui sauva sa tête, mais n'empêcha pas la confiscation des biens de la famille; la concession seule qui n'avait pu être vendue, lui fut restituée et il parvint à établir l'exploitation de la mine et à racheter quelques anciennes terres de la famille. Il laissa un fils *Louis-Frédéric-Achille* qui continua l'exploitation de la mine et s'occupa de travaux agricoles, dont quelques-uns avec le concours de M. Boussingault, son beau-frère. C'est à leur collaboration que nous devons les mémoires suivants, insérés dans les *Annales de Chimie et de Physique*:

1° Recherches sur l'influence de la nourriture des vaches sur la quantité et la constitution chimique du lait; 2° Analyse comparée des aliments consommés et des produits rendus par une vache laitière, recherche entreprise dans le but d'examiner si les animaux herbivores ne prennent pas de l'azote à l'atmosphère; 3° Mémoire. Cheval soumis à la ration d'entretien.

Les premiers travaux d'économie rurale de M. Boussingault et dans la suite les plus importants ont été faits à Pechelbronn, où naquit en 1847 Joseph-Achille LE BEL, un de nos chimistes contemporains les plus actifs. Admis en 1865 à l'école polytechnique de Paris, il démissionne à la sortie pour devenir préparateur de M. Lies-Bodart à Strasbourg. Dans la suite, il remplit successivement les mêmes fonctions auprès de M. Balard au Collège de France, puis auprès de M. Wurtz à la Faculté de médecine. Dans le but de se consacrer entièrement à des recherches de chimie pure, il ne tarda pas à donner sa démission de préparateur. En 1882, il prit la direction de l'exploitation de pétrole de Pechelbronn, et créa la distillerie actuelle d'huile minérale après avoir trouvé les sources jaillissantes. En 1889, après la vente de l'exploitation, il recommença ses recherches à l'Ecole de médecine, où il trouva son ancien maître remplacé par M. Armand Gautier, membre de l'Institut.

Les nombreux travaux de M. Le Bel comprennent principalement:

1° Des recherches sur les Bitumes.

Sur les couleurs pyrogènes de Pechelbronn (note insérée dans les Comptes-rendus de l'Académie des sciences).

Découverte d'un principe colorant des bitumes renfermant des matières minérales. (En collaboration avec M. A. Muntz, de Wœrth.)

Ces recherches qu'il continue seul, ont amené la découverte en 1888 du silicium dans le bitume vierge de Lobsann. La constitution chimique de la partie volatile fournit un nouveau mémoire en 1889. Ce sont là autant de matériaux pour une monographie des bitumes et des pétroles naturels des différents pays du monde que M. Le Bel espère amener à bonne fin. Il a publié aussi :

2° Des recherches sur la distillation.

Ces études ont eu pour but d'établir la limite de pureté que peut atteindre l'alcool dans un appareil distillatoire à la pression ordinaire. Elles ont eu pour conséquence la création, en collaboration avec feu Arthur Henninger, de l'appareil à colonne en verre pour laboratoires, appareil qui porte le nom des deux auteurs.

3° Des recherches sur la fermentation.

Découverte de la présence de l'alcool amylique dans le vin et la bière ainsi que dans les produits de la fermentation du sucre pur. Ce fait a été confirmé d'abord par MM. Morin, Claudon, Ordonneau, puis plus récemment, par M. Henninger qui a observé des différences notables suivant les crûs et trouvé de son côté la présence du glycal butylénique. Découverte d'un moyen d'obtenir l'alcool amylique actif pur. Etude des dérivés de ce corps au point de vue du pouvoir rotatoire et de l'amylem nouveau qui en provient, au point de vue chimique.

4° Recherches sur le pouvoir rotatoire.

Dès 1874 et à peu près en même temps que M. Van't Hoff, chimiste hollandais, M. Le Bel exposa ses idées sur une théorie nouvelle, dite « du carbone asymétrique » dans un mémoire intitulé : « Sur les relations qui existent entre les formules atomiques des corps organiques et le pouvoir rotatoire de leurs dissolutions », mémoire qui fut inséré dans le *Bulletin de la Société chimique de Paris*, t. 22, p. 337.

Cette théorie acceptée dès le début par les uns, traitée de jeu de fantaisie par d'autres, a définitivement conquis une place d'honneur dans la science chimique.

Les principes sur lesquels elle repose, régissent jusqu'à un certain point, en ce qui concerne les molécules organiques seulement, la position relative de leurs atomes dans l'espace. Conception brillante et heureuse, la théorie du carbone asymétrique qui porte le nom de théorie Le Bel et Van't Hoff, a permis d'expliquer maints faits restés longtemps obsurs et a provoqué de nombreuses découvertes.

M. Le Bel ne s'est pas borné à poser des lois à priori, il a cherché à les confirmer lui-même, par des études aussi originales que profondes.

Ces études l'ont en effet conduit à trouver

1° Un moyen de transformer l'alcool amylique actif levogyre en un corps neutre et de tirer de ce mélange, par l'action des moisissures un alcool dextrogyre.

2° Une synthèse d'un alcool secondaire actif, le methylpropylcarbonial.

3° Un propylglycal actif.

Enfin elles l'ont aussi amené à exécuter une série de recherches, dont le résultat a été de faire disparaître plusieurs faits erronés qui étaient en contradiction apparente avec les lois énoncées.

Là ne s'arrêtent point les travaux de notre savant compatriote. Entre temps, il publie encore des recherches sur le microbe de la rougeole et, en collaboration avec M. Green, de Philadelphie, une synthèse de l'hexaméthylbenzine.

Ces belles études ont appelé l'attention de l'Académie des sciences sur leur auteur, qui s'est vu décerner en 1881 le prix Jecker, une des plus hautes récompenses dont l'illustre Compagnie dispose.

A. Haller,
Professeur à la Faculté des sciences de Nancy.

Jean NORTH

Jean NORTH

DIRECTEUR du Crédit foncier d'Alsace-Lorraine, membre du Landesausschuss et ancien député au Reichstag, a été avec le baron Zorn de Bulach et M. Jules Klein, ses amis, un des membres actifs du parti autonomiste alsacien, après l'annexion du pays à l'Allemagne. Il est né à Hürtigheim, Bas-Rhin, le 8 mars 1828. Après de bonnes études faites au collège de Phalsbourg et au lycée de Strasbourg, il suivit ensuite la faculté de droit de notre métropole d'Alsace qui lui décerna en 1853 le diplôme de docteur. De 1850 à 1852, il travailla comme avocat stagiaire à la cour d'appel de Paris, pour se faire inscrire plus tard comme avocat au barreau de Strasbourg. De 1854 à 1864, il occupa une charge de notaire à Brumath, puis représenta de 1865 à 1870 à Strasbourg la compagnie d'assurance française l'*Union*, en qualité d'agent général. L'annexion allemande ne permettant plus au Crédit foncier français d'opérer en Alsace-Lorraine, il émit l'idée de créer un établissement analogue dans notre pays, ainsi qu'une caisse destinée à remplacer également l'ancienne caisse des dépôts et consignations de France. Un décret impérial du 14 mars 1872 autorisa la formation de la Société du crédit foncier et communal d'Alsace-Lorraine, dont M. North fut nommé directeur dès l'origine. Dès 1875, le canton nord de Strasbourg le chargea de le représenter au Conseil général de la Basse-Alsace, qui le désigna parmi ses délégués au Landesausschuss, immédiatement après

En acceptant, au mois de février 1877, un mandat de député au Reichstag, M. North espérait, avec ses amis du parti autonomiste, obtenir pour notre pays une autonomie complète égale à celle de tous les Etats particuliers de l'empire allemand. Un moment même il eut l'illusion de toucher à la réalisation de ses vœux, lors de l'adoption par le Reichstag, le 27 mars 1879, d'une motion qu'il avait faite avec ses collègues MM. Schnéegans et Rack pour l'établissement d'un gouvernement autonome de l'Alsace-Lorraine. Ce vote du Reichstag fut suivi de la loi du 1er juillet ordonnant le transfert du gouvernement de l'Alsace-Lorraine à Strasbourg, avec nomination d'un Statthalter impérial, assisté d'un ministère propre au pays annexé, à partir du 1er octobre 1879. L'empereur déléguait au Statthalter une partie de ses pouvoirs souverains et les attributions du Landesausschuss étaient étendues de manière à lui donner le droit d'initiative pour la présentation de projets de loi émanés de son sein et susceptibles de devenir valables avec l'assentiment du Bundesrath. M. North a pris une part active à la discussion de sa motion et de la loi touchant l'organisation du gouvernement dans le pays, à propos de laquelle il a réussi à faire adopter plusieurs amendements dus à son initiative personnelle. A la suite de ces succès, le parti autonomiste espérait arriver au couronnement de son œuvre, en obtenant pour l'Alsace-Lorraine une Constitution définitive plaçant le pays sur le pied d'égalité avec tous les autres Etats de l'Allemagne, avec représentation au Bundesrath et abrogation des mesures d'exception qui donnent au Statthalter impérial des pouvoirs dictatoriaux. Rien n'indique une prochaine réalisation de ces espérances, malgré les instances unanimes du Landesausschuss pour y arriver. CHARLES GRAD.

L'Abbé François-Charles Spitz

François-Charles SPITZ

SUPÉRIEUR des sœurs de charité et archiprêtre de la cathédrale de Strasbourg nous offre l'exemple d'une de ces vies pleines de dévouement et d'œuvres, qui nous reportent vers les saint Vincent-de-Paul et les saint Charles-Borromée. Saint Charles était son patron; et la vie, les œuvres, les enseignements du grand archevêque de Milan étaient sans cesse présents à son esprit. Saint Charles était son idéal. Né à Stotzheim, Basse-Alsace en 1808, il fut admis au sacerdoce en 1832. Après deux années passées comme précepteur dans la famille de Mullenheim, il entra dans l'enseignement et les lettres et finit dans l'apostolat et les œuvres de charité. Professeur au petit séminaire, il fut un de ces maîtres qui s'imposent à la jeunesse par l'autorité du caractère et la vigueur de la parole. Supérieur des sœurs, il devint le père des pauvres et le guide de ces admirables filles, qui n'ont que deux affections, le Dieu du ciel et les misérables de la terre.

Après avoir passé quatorze ans au petit séminaire de Strasbourg, où il enseigna l'histoire, les humanités et la rhétorique, M. Spitz prit, comme supérieur, la direction de cet établissement. C'était une figure imposante, au port majestueux, à la parole lente et ferme, peu familier avec l'élève mais appliqué à l'élever, à ennoblir ses sentiments bien plus par l'étude des modèles chrétiens, que par le culte des héros du paganisme. L'élève l'eut voulu plus condescendant, plus familier, moins maître; il ne pouvait le désirer plus dévoué, plus ardent pour le bien de la jeunesse, plus appliqué à son devoir. Aussi bien sa belle tête, son œil radieux, sa parole vibrante dominèrent-ils dans la mémoire de ses disciples, le souvenir de leurs autres maîtres de toute la hauteur de sa grande taille.

Le travail d'une classe de 30-40 élèves eut suffi à absorber toute l'activité d'un autre maître : lui trouva du temps pour traduire en allemand les œuvres du Père de Géramb, un instant en vogue, et pour composer une anthologie allemande, suivie d'une anthologie latine et d'une anthologie grecque. Il avait la passion des livres. Toutes ses économies y passèrent. Il y cueillit des modèles pour la jeunesse.

L'évêque de Strasbourg, appréciant le zèle du professeur et témoin de l'empire qu'il exerçait sur ses collègues, le nomma supérieur du séminaire. Etant un caractère plus encore qu'un talent, on le trouva prédestiné à gouverner les hommes. Les professeurs en s'inclinant volontiers sous sa main, lui apportèrent un concours précieux, pendant qu'il poussait aux études et qu'il maintenait la plus exacte discipline au milieu des centaines de jeunes gens confiés à sa garde.

Réussissant si bien dans l'enseignement, on le voit, avec surprise, se laisser aller tout doucement dans le ministère des âmes et la pratique des œuvres de miséricorde. Depuis plusieurs années, il avait cumulé, avec ses travaux de classe, les fonctions d'aumônier des sœurs de la charité. Il prêtait là un concours nécessaire à un vétéran de la grande révolution, M. le chanoine Thomas, Supérieur des sœurs de la charité. Quand ce vénérable prêtre mourut, M. Spitz lui ferma les yeux et saisit d'une main forte les rênes de l'administration de la congrégation à Strasbourg et pour l'Alsace. Homme de lettres hier encore, il se révéla zélé directeur des âmes, administrateur consommé et plein d'initiative. Le nombre des sœurs s'accrut. Comme des essaims d'abeilles, elles fondèrent des centres à Munich, à Fulda, à Paderborn, à Fribourg, à Gmund. De là elles passèrent à Salzbourg, et remplirent le Vorarlberg. Plus tard elles occupèrent Zara en Dalmatie, d'où elles passèrent à Salonique et à Constantinople, portant dans les plis de leur voile le dévoûment silencieux et le plus parfait esprit de sacrifice. Sous nos yeux, en Alsace, leur supérieur créa l'établissement de la Toussaint. Là la science, en ses plus illustres représentants, secondée par la charité la plus attentive, put inaugurer ces opérations, impossibles jusque là dont le D^r Kœberlé fut le hardi initiateur. La science humaine et la divine charité s'étaient donné rendez-vous au chevet des malades, pour dompter la maladie et arrêter la mort. A cette maison modèle M. Spitz ajouta le refuge de la Persévérance, pour les repenties de la maison centrale et les orphelinats de sainte Barbe et de saint Charles.

Saint Charles mérite une mention particulière. Il faut nous y arrêter. L'initiative heureuse, que le Supérieur des sœurs avait fait prendre à la congrégation, amena l'évêque de Strasbourg à croire, qu'il saurait aussi bien diriger la première paroisse du diocèse, celle de la cathédrale. C'était en 1848, au milieu des agitations de la seconde République. Ne reculant devant aucun labeur, M. Spitz laissa l'évêque ajouter ce fardeau à la charge qu'il portait déjà. Il le porta sans broncher pendant 32 ans et se montra aussi actif porteur des âmes qu'apôtre de la charité. En ce même temps-là l'archevêque de Fribourg, le courageux Hermann de Vicari, demandait un coadjuteur avec droit de succession. On jeta les yeux sur l'archiprêtre de la cathédrale de Strasbourg. Le gouvernement de

Carlsruhe l'accepta avec empressement et le Pape inclinait à le nommer à ce poste. M. Spitz s'allarma. Du travail, il en avait, l'éclat il le redoutait. Il était attaché du fond de son cœur à sa paroisse et à sa congrégation. Il fit vœu, s'il réussissait à détourner la mître de sa tête, de bâtir un orphelinat pour 40 garçons. Le pape accepta son refus et saint Charles fut bâti. L'asyle devait contenir 40 enfants, bientôt il s'y trouva 140. Cette maison eut toutes ses prédilections. Elle portait son nom, il y trouva sa dernière demeure.

Pendant 36 ans Supérieur de la congrégation, des sœurs de charité, M. Spitz, élevé à la dignité d'archiprêtre fut aussi et en même temps 32 années durant curé de la cathédrale.

On se demande comment il put suffire à tous ses travaux. Voici : il se levait tous les jours à quatre heures du matin, il ne lut jamais de journal, il n'eut ni récréations ni vacances. C'était une activité ininterrompue. Il avait un désir et ce désir fut réalisé, mourir debout comme tel empereur romain, « pour n'être à charge à personne ». Il fut frappé d'apoplexie, au milieu des travaux d'une retraite, sur son prie-Dieu, où il récitait son bréviaire.

La note dominante de sa vie, si pleine de travaux et de succès, la voici : Sauver des âmes et soulager des infortunes.

L'abbé Joseph Guerber,
député de l'Alsace au Reichstag.

L'Amiral DUPRÉ, Marie-Jules

L'Amiral Marie-Jules DUPRÉ
1813-1881

Naquit à Alby de parents alsaciens, le 26 novembre 1813. Son père Pierre, capitaine au 10ᵉ régiment d'infanterie, épousa à Schlestadt, le 6 juin 1810, Marie-Anne Armbruster, d'une famille bourgeoise de cette ville, qu'il quitta un moment, sous l'effet d'un changement de garnison, pour y revenir quelques années plus tard. Ses premières études faites au collège de Strasbourg firent présager dès le début l'officier instruit, le jeune enseigne laborieux et plein d'entrain, dont son commandant a dit : « C'est une plante vivace qui ne demande qu'un peu d'aide pour produire de bons fruits. » Sorti de l'école navale en 1831, il passa cinq ans avec le grade d'aspirant en station ou en mission sur les côtes du Portugal et dans la Méditerranée. Nommé enseigne de vaisseau en 1837, il fit une campagne de deux ans au Sénégal et aux Antilles pour être envoyé ensuite dans les mers de Chine sur la frégate l'*Erigone*. Quatre années durant il se livra, pendant cette campagne toute pacifique, à des travaux d'hydrographie et d'astronomie, qui lui acquirent une bonne réputation scientifique. Aussi le ministre de la marine l'attacha, à son retour, au Dépôt des cartes et plans à Paris pour la publication des observations recueillies pendant la campagne de l'*Erigone*.

La distinction de ses services semblait lui promettre une rapide carrière. Plein de l'ardeur de la jeunesse, l'esprit ouvert à tous les sentiments généreux, le jeune officier manifestait un enthousiasme trop prononcé pour des idées politiques, qui n'étaient pas encore mûres. On trouve dans les notes de ses chefs à cette époque des indices de défiance, que partagea un instant son compatriote d'Alsace, l'amiral Bruat, alors commandant de la station navale des Antilles. Mais la loyauté de caractère de M. Dupré, la netteté de sa conduite et sa valeur militaire eurent raison de ces préventions. L'amiral Bruat s'excusa même auprès du ministre de la marine d'avoir attaché trop d'importance à « l'exagération des opinions libérales » du jeune lieutenant de vaisseau, auquel il voua depuis lors un attachement qui ne se démentit plus jamais. Sur sa recommandation, il fut nommé en 1852 au commandement de la *Sentinelle* et remplit avec succès différentes missions dans la Méditerranée. En appréciant les services du lieutenant Dupré, le contre-amiral Romain-Desfossés, commandant en chef de la station du Levant, le qualifiait d'officier complet, de manœuvrier hardi, ajoutant : « Chez lui, l'homme privé est aussi digne de recommandation que l'officier est distingué. » En 1854, le 8 mars, il fut promu au grade de capitaine de frégate.

Au moment où éclata la guerre d'Orient, le capitaine Dupré siégeait au conseil des travaux de la marine. Les débuts de la campagne de Crimée venaient de démontrer l'impuissance des vaisseaux en bois contre les fortifications à terre. Pour ce motif, le gouvernement français décida la mise sur chantier des batteries flottantes, première ébauche des cuirassés de nos jours. Il faut le dire, les marins d'alors montraient une médiocre confiance dans cet essai. Beaucoup d'entre-eux ne voulaient admettre que ces lourds chalands, à fond plat, bordés de fer, n'ayant pour se mouvoir qu'une machine insuffisante, pussent lutter contre le vent et la mer pour se traîner jusque sur le lieu de l'action. Le commandant Dupré croyait au contraire à l'efficacité des engins nouveaux et demanda à les conduire dans la mer Noire. A bord de la *Tonnante*, il prit part avec trois batteries flottantes au bombardement de Kinburn, dont les forts furent obligés de se rendre. La décoration d'officier de la Légion d'honneur et la croix de l'Ordre du Bain récompensèrent cette action d'éclat. En novembre 1858, l'amiral Hamelin, étant ministre de la marine, promut M. Dupré au grade de capitaine de vaisseau et l'attacha à son cabinet, pour lui confier la direction des mouvements de la flotte et des opérations militaires.

C'est dans ce nouveau poste que le commandant Dupré organisa le concours de la marine à la guerre d'Italie, en 1859. Une bonne part de l'honneur de l'active coopération de la flotte à cette rapide campagne lui revient. Du mois de mars 1861 au mois d'octobre 1864, l'empereur Napoléon lui confia le commandement de la division navale des mers de l'Inde et des côtes orientales d'Afrique, à bord de l'*Hermione*. Pendant cette campagne il contribua beaucoup à la conclusion du traité entre la France et le roi de Madagascar. Il était gouverneur de la Réunion, lorsqu'il fut nommé contre-amiral le 3 août 1867. En 1870, quand éclata la guerre d'Allemagne, nous le retrouvons à la tête de la division navale des mers de la Chine et du Japon, occupé dans le Peï-ho, à la suite des massacres de Tien-Tsin. Quelques temps après, il rencontra, dans le port de Yokohama, les vaisseaux de guerre prussiens, la *Hertha* et la *Medusa*, auxquels il offrit le combat, que refusa le commandant prussien. Pendant toute la durée de la guerre, le service des paquebots français de Chine et du Japon ne fut pas inquiété par les navires de guerre allemands, tandis que la marine de commerce allemande se trouva réduite à une complète inaction.

Les qualités administratives dont le contre-amiral Dupré avait fait preuve à la Réunion, le firent désigner pour gouverneur de la Cochinchine. Malheureusement le climat de ce pays ne permet pas un long séjour aux Européens. Arrivé à son poste le 1er avril 1871, le nouveau gouverneur dut rentrer à Paris l'année suivante pour conférer du traité avec l'Annam. Sa santé déjà atteinte aurait exigé du repos. Mais M. Dupré, n'écoutant que son devoir, retourna en Cochinchine pour signer la convention qui mettait les riches provinces du Tonkin sous le protectorat français. Il revint en France pour entrer en 1875 au conseil de l'amirauté avec le grade de vice-amiral. Après avoir été envoyé encore à Rochefort et à Toulon comme préfet maritime, il reçut du gouvernement de la République l'offre du portefeuille de la marine. Des malheurs de famille vivement ressentis l'empêchèrent d'accepter et il succomba lui-même au commencement de l'année 1881. « Né pour commander, dit un de ses biographes dans la *Revue maritime et coloniale*, le vice-amiral Dupré avait l'autorité du caractère et la bonté de cœur qui fait aimer le commandement. Sa loyauté éprouvée, jointe à une grande hauteur d'idées, et sa constante bienveillance laisseront des traces ineffaçables dans le souvenir des officiers qui ont eu la bonne fortune de servir sous ses ordres. Tous conservent, avec la mémoire des grands exemples qu'il leur a donnés à méditer, le désir de l'imiter dans son amour du bien et dans son dévouement pour la patrie. »   Ch. G.

MOLL, Alexandre-Pierre

MOLL, Alexandre-Pierre

ÉPUTÉ, est né à Eschentzwiller, canton de Habsheim, le 26 février 1767, de Pierre Moll, maire ou prévôt, et d'Anne-Marie Nithard. Dès la fin de 1786, il est appelé au poste de secrétaire en chef de la subdélégation de Ferrette, Intendance d'Alsace, et il est seul chargé de l'administration de ce bureau, en l'absence et empêchement du titulaire. Le 7 janvier 1791, il est nommé chef de bureau du district d'Altkirch, puis aide-garde-magasin des fourrages à Belfort, et garde-magasin à Porrentruy; il occupe ensuite successivement la place de contrôleur en service actif dans le département du Haut-Rhin (1792), celle de garde-magasin de 2ᵉ étape à Habsheim, section des fourrages (1794), enfin celle de contrôleur des contributions directes (26 mai 1800). En 1808, il est appelé dans le grand-duché de Berg, par Son Exc. le comte Beugnot, commissaire impérial, pour y organiser l'administration des contributions directes, administration dont la direction générale lui est ensuite confiée par décret impérial, donné au palais de Fontainebleau, le 12 novembre 1809. Ce qui avait attiré l'attention du comte sur Moll, c'est que celui-ci avait établi à Lutterbach une des premières grandes fabriques, laquelle, bien qu'ayant parfaitement prospéré, avait entraîné sa ruine, par suite de la mauvaise gestion et de l'infidélité de son régisseur. Malgré les avis et les conseils de ses amis, il s'était toujours refusé à prendre lui-même la direction de cet établissement, afin de pouvoir se consacrer tout entier à ses fonctions de contrôleur des contributions directes, qu'il ne voulait pas abandonner. Ces faits avaient frappé les agents de Napoléon, alors en pleine lutte commerciale avec l'Angleterre, et il n'est pas étonnant qu'en appelant Moll au poste de directeur général, on lui ait pour ainsi dire offert une compensation d'autant plus méritée que sa ruine était la conséquence de son attachement à une carrière où il avait fait ses débuts dès avant 1789 et dans laquelle il donnait de grandes preuves de capacité. Ajoutons-le à son honneur, Moll n'a jamais voulu liquider cette malheureuse entreprise industrielle par un concordat qui n'eût attribué que tant pour cent à ses créanciers. Il s'est fait un devoir de les désintéresser jusqu'au dernier denier, de concert avec sa femme, dont le patrimoine était considérable, et qui non-seulement n'a pas fait valoir ses droits, mais a livré tous ses propres pour satisfaire aux engagements de son mari. C'est avec son traitement, très élevé, de directeur général, que Moll a achevé de rembourser les créanciers et de reconstituer une certaine partie de sa fortune et de celle de sa femme. Moll resta dans le grand-duché de Berg jusqu'à l'arrivée des évènements qui amenèrent le traité du 20 novembre 1815, lequel, comme on le sait, a fait rentrer la France dans ses dernières limites.

En mai 1815, le collège électoral d'Altkirch envoya Moll siéger à la Chambre des députés. Il n'avait point brigué le mandat législatif. Loin de là, il resta stupéfait quand une après-midi qu'il se trouvait dans son jardin, il y vit entrer trois de ses amis, chargés de lui apprendre au nom des électeurs, qu'il figurait sur la liste des électeurs. La nuance politique de Moll ne nous paraît pas avoir été appréciée avec justesse par M. de

Lacombe dans sa vie de M. de Serre. Sa manière de voir était plutôt celle que le biographe attribue à ce dernier; il devait appartenir au centre droit qui eut plus tard pour chef de Villèle dont il fut le partisan et l'admirateur. Le collège électoral d'Altkirch renouvela son mandat les 24 août 1815, 20 septembre 1817 et 13 novembre 1820. Du reste, selon la *Biographie pittoresque des députés*, il ne parla guère qu'une fois à la Chambre, au sujet des Compagnies d'assurances mutuelles contre l'incendie. Le député alsacien proposait à ce propos un amendement fort honorable. Il voulait que la petite propriété, l'immeuble dont la valeur n'excéderait point 2000 fr. fût exemptée des droits de timbre et d'enregistrement dans les actes relatifs à toute adhésion aux sociétés d'assurances. Les députés du fisc étouffèrent sa voix et repoussèrent sa réclamation en faveur des chaumières.

Le 4 juin 1816 Moll avait été nommé, par ordonnance royale, maire de la ville de Mulhouse, fonctions qu'il remplit jusqu'en novembre 1819. Le 19 octobre de la même année, il avait été appelé au poste de directeur des contributions directes du département de la Mayenne, mais il ne l'occupa jamais effectivement. A la fin de la session législative, il allait s'y rendre; comme il prenait congé du ministre des finances, celui-ci lui répondit : « Retournez dans le Haut-Rhin ». Quelques jours après son arrivée dans ses pénates, il recevait sa nomination de directeur dans ce département, avec résidence à Colmar. Il fut relevé de ses fonctions le 18 septembre 1830, ainsi que de toutes celles qu'il occupait gratuitement dans cette ville. Moll est mort à Colmar, le 20 septembre 1841, à l'âge de 74 ans, 6 mois et 24 jours, après avoir rempli des services publics pendant cinquante-cinq années.

ANT. MEYER, PHOTOG. COLMAR   DÉPOSÉ

ÉMILE PÉTRI

Emile PETRI

Avocat et député de Strasbourg au Reichstag, s'est particulièrement fait remarquer dans ces derniers temps par ses efforts pour l'abrogation de la mesure des passeports à la frontière de l'Alsace-Lorraine. Il naquit à Bouxwiller, où son père était receveur consistorial, le 3 avril 1852, et obtint le diplôme de docteur en droit à l'Université de Strasbourg en 1876, après de bonnes études préparatoires au collège de sa ville natale et une année passée à Heidelberg. Etabli à Strasbourg comme avocat-avoué, après avoir passé son examen d'Etat, il acquit immédiatement une grande clientèle, grâce à son talent oratoire et à l'étendue de ses connaissances juridiques. Son zèle pour les affaires publiques et la confiance qu'il inspirait à ses concitoyens le firent élire successivement, en l'espace de quelques années, au Conseil municipal de Strasbourg, au Conseil général de la Basse-Alsace, au Landesausschuss d'Alsace-Lorraine et au Reichstag, ainsi qu'au Consistoire supérieur et au Directoire de l'Eglise de la confession d'Augsbourg. Dans toutes ces positions, le jeune avocat s'est trouvé à la hauteur de son mandat; il a rempli ses diverses missions à la satisfaction de ses commettants.

Sans attache avec le passé, et libre de tout engagement, élevé à la nouvelle université dont la tâche est de favoriser la germanisation de l'Alsace-Lorraine, M. Petri a fait son entrée dans la carrière politique avec tous les avantages d'un homme nouveau. Aussi bien a-t-il pu accepter franchement les conditions faites par le traité de Francfort au pays annexé à l'Empire allemand. Le Landesausschuss venait d'acclamer la devise : *l'Alsace-Lorraine aux Alsaciens-Lorrains*, dont cette assemblée venait d'entendre le commentaire à la discussion générale du budget, à l'ouverture de la session de 1887. Autonomistes et protestataires pouvaient tomber d'accord sur cette base, susceptible de réunir les esprits modérés de toutes les nuances. Entre les uns et les autres, la divergence de vue tenait moins à des tendances contraires qu'au fait que ceux-ci ne croyaient pas le gouvernement disposé à accorder aux Alsaciens-Lorrains la faculté d'administrer eux-mêmes leurs affaires, tandis que ceux-là avaient confiance dans les promesses d'autonomie. De bonne foi M. Petri croyait obtenir pour le pays les concessions désirées et un traitement égal à celui des Etats particuliers d'Allemagne, à condition de reconnaître ouvertement l'union définitive de l'Alsace avec l'Empire. C'est avec cette déclaration qu'il a accepté la candidature au Reichstag posée contre M. Kablé, protestataire intransigeant, aux élections de février 1887.

Aux élections de février 1887, le gouvernement d'Alsace-Lorraine crut devoir soutenir des candidats officiels ou agréables dans la plupart des circonscriptions. Les candidats de l'opposition triomphèrent partout, malgré la pression exercée contre eux, avec des majorités imposantes. M. Petri ne réussit pas dans cette première épreuve, malgré l'appui du parti autonomiste. Pourtant l'ancien représentant de Strasbourg, M. Kablé, déjà malade en ce moment, étant mort quelques mois plus tard, M. Petri fut élu, sans concurrent, aux élections complémentaires du 21 juillet suivant. Répondant aux électeurs qui le pressaient d'accepter la candidature, il disait : « Dans les circonstances graves et pénibles où se trouve aujourd'hui l'Alsace-Lorraine, j'estime que j'ai le devoir impérieux de répondre à votre appel et d'accepter la candidature au Reichstag allemand... Placé sur le terrain légal du fait accompli, j'ai cherché loyalement et avec une pleine indépendance à travailler au développement de nos intérêts politiques et économiques. Si cette attitude est approuvée par le corps électoral, j'emploierai mes forces à remplir, au mieux des intérêts de notre ville, de notre pays et de l'Empire, le mandat que vous avez bien voulu me confier. »

Pour remplir plus efficacement son programme, M. Petri est allé siéger au Reichstag dans la fraction nationale-libérale, sinon comme membre ordinaire, du moins en qualité d'Hospitant, sous la conduite de MM. de Bennigsen et Miquel. La fraction l'accueillit avec faveur, mais sans lui donner l'appui nécessaire pour obtenir des concessions dont le pays ait tiré profit. Deux questions essentielles l'ont occupé d'ailleurs au Reichstag : la création d'un canal de grande navigation allant de Ludwigshafen à Strasbourg et la suppression du passeport pour les étrangers à l'entrée de l'Alsace-Lorraine. Sans aucun doute le commerce de Strasbourg trouverait grand avantage à l'établissement d'un grand canal reliant la métropole alsacienne avec le port de Ludwigshafen. Quant à la question des passeports, qui a rendu si difficiles les relations de l'Alsace-Lorraine avec la France, elle touchait la population des provinces annexées à la fois dans ses liens familiaux et dans ses intérêts économiques. Evidemment, si l'annexion a eu pour conséquence de retenir en France par leurs conditions d'existence des milliers et des milliers de sujets originaires d'Alsace et de Lorraine, les familles restées au pays ne pouvaient en être rendues responsables et c'était froisser la plupart des familles dans leurs sentiments intimes que d'interdire l'accès du sol natal à leurs membres restés Français.

Le discours prononcé à cette occasion au Reichstag par le jeune député de Strasbourg a eu un grand retentissement. Avec autant de modération que d'énergie, M. Petri s'est élevé contre l'obligation des passeports, en se plaçant au point de vue national allemand. Il a montré l'irritation sourde causée par cette mesure troublante pour les relations de famille. Que si des raisons politiques, que nous ne pouvons comprendre, obligent le gouvernement à maintenir le passeport d'une manière générale, du moins y aurait-il lieu de se montrer moins rigoureux pour accorder le visa aux sujets inoffensifs : *fortiter in re, suaviter in modo*, telle devrait être dans ce cas la règle à appliquer. Les mesures de rigueur, selon l'orateur, ne profitaient qu'aux protestataires irréconciliables : « *Der Passzwang und dessen Folgen wirken wie ein eisiger Reif auf die zarte Pflanze des Deutschthums in Elsass-Lothringen. Die Ueberbleibsel der unversöhnlichen Protestpartei sind wohl die einzigen, die mit dieser Wendung der Dinge zufrieden sein können. Uns aber, den deutschgesinnten Elementen des Landes, wird der Boden unter den Füssen entzogen. An Stelle des frischen Bürgersinnes, der freudigen Theilnahme an den öffentlichen Angelegenheiten, treten allmählig Enttäuschung und Entmuthigung.* » Désillution et découragement, voilà les sentiments sous l'impression desquels les mesures de rigueurs, prises par le gouvernement en Alsace-Lorraine, laisse les hommes disposés à marcher avec lui. Personne ne trouvera dans ce procédé le caractère d'une politique bien avisée. Ch. G.

Docteur E. SIEFFERMANN

Le Docteur SIEFFERMANN
MARIE-GEORGE-EDOUARD

ÉDECIN, introducteur de l'hydrothérapie en Alsace et député au Reichstag allemand, comme la plupart des hommes politiques contemporains de notre pays, est arrivé à remplir un mandat public par le hasard des circonstances. Ni ses occupations antérieures, ni ses dispositions d'esprit ne l'avaient préparé à jouer un rôle dans la politique active, lorsque les élections parlementaires du 21 février 1887, engagées sur la question du septennat, l'amenèrent à représenter la circonscription d'Erstein-Molsheim au Reichstag. La population de la contrée était opposée à l'augmentation des charges militaires et de nombreux électeurs proposèrent la candidature du général Boulanger, en opposition au député patroné par l'administration, quand à la veille du scrutin le docteur Sieffermann consentit à devenir le candidat des opposants, qui l'élirent à une grande majorité.

Né le 22 mars 1837 à Marmoutier, Basse-Alsace, où son père était juge de paix, M. Sieffermann fut orphelin de bonne heure. Le Dr Jænger de Colmar, son oncle maternel, se chargea de l'élever. Après de bonnes études au lycée de Colmar, il suivit les cours de la faculté de médecine de Strasbourg, qui le reçut docteur en 1862. Lauréat de la faculté, pour sa thèse inaugurale, et interne des hôpitaux, il passa encore deux ans à l'école de médecine de Paris, avant de s'établir comme praticien, à Cernay d'abord, puis à Benfeld, où l'attendait une nombreuse clientèle. Dans les loisirs de sa pratique médicale, il fonda une société de gymnastique et s'occupa de la société de chant, qui le nommèrent leur président. Survint la guerre de 1870, dont l'issue ne nous laissa en Alsace aucune illusion, dès les premiers jours. A la chute de l'empire napoléonien, après les revers de Sedan, le jeune médecin de Benfeld, en ardent patriote qu'il était, fit rejoindre l'armée par les membres des deux sociétés qu'il présidait. Prêchant d'exemple, quoique marié et père de famille, il partit à son tour, non sans avoir été signalé aux chefs de l'armée d'occupation comme un ennemi irréconciliable. Cela lui valut plusieurs visites domiciliaires pendant la guerre et dans les années qui suivirent l'annexion de l'Alsace à l'Allemagne.

Arrivé à Lyon, le docteur Sieffermann prit part à la formation des légions alsaciennes-lorraines et entra à la première légion à Villefranche, comme chef du service médical, avec le grade de major de première classe. Le travail ne lui manqua pas pendant cet hiver rigoureux, où nos soldats improvisés étaient décimés par la variole et la fièvre typhoïde, sans compter les autres maladies de la saison mauvaise. Non sans peine, le jeune médecin, toujours debout et partout présent, réussit à arrêter la propagation des maladies contagieuses, grâce à une bonne hygiène et en s'occupant du bien-être de ses soldats. La mortalité, assez forte à son arrivée, diminua graduellement, pour devenir presque nulle. Aussi les hommes de la légion l'aimaient beaucoup. Comme preuve il nous racontait encore tout dernièrement que quand il passait dans les rues de Mulhouse, plusieurs années après la guerre, il voyait des ouvriers, allant à leur travail, s'arrêter devant lui, en faisant le salut militaire : « Bonjour, major ! » Ce simple bonjour le touchait beaucoup. C'était la meilleure récompense de ses peines.

De retour à Benfeld, après la guerre, M. Sieffermann reprit sa pratique médicale. Au lieu de se retirer en France, comme tant d'autres, auxquels notre changement de nationalité pesait trop lourdement, et pour donner un autre cours à des impressions pénibles, il fonda de toutes pièces son établissement d'hydrothérapie. Il n'y avait pas alors d'établissement de ce genre en Alsace, malgré les bons effets donnés par le traitement hydrothérapique. Depuis la création de l'établissement du docteur Sieffermann, à Benfeld, dans une situation pittoresque au bord de l'Ill, toutes les stations balnéaires, sur l'un et l'autre versant des Vosges ont installé des appareils à l'aide desquels chacun se traite de la manière qui lui paraît la plus agréable, sans inconvénient grave pour les gens bien portants. A l'établissement de Benfeld, organisé pour le traitement des malades, tout est réglé au contraire par le médecin-directeur. Lui-même donne les douches dans les conditions voulues, variables suivant chaque cas individuel. Aussi le docteur Sieffermann a-t-il obtenu des cures remarquables, dans bien des cas où d'autres n'étaient arrivés à aucun résultat. Un des premiers, il eut le courage de soigner les affections du cœur par des douches à l'eau froide. Bien des malades s'en sont bien trouvés. Le Dr Schützenberger et le Dr Kussmaul, tous deux professeurs de clinique interne à la faculté de médecine de Strasbourg, ont préconisé le régime hydrothérapique de l'établissement de Benfeld. La plupart des maladies chroniques traitées à l'eau froide d'une manière rationnelle, avec les précautions voulues, peuvent s'amender tout au moins avec un succès relatif.

L'aérothérapie, comme l'hydrothérapie, est une acquisition de la médecine et de l'hygiène de notre temps. A Benfeld ce procédé de l'art de guérir a été appliqué également avec de bons résultats. M. Sieffermann a recueilli dans sa pratique et publié des observations assez nombreuses, prouvant qu'on peut faire fonctionner les poumons des sujets atteints d'asthme et emphysémateux. Une phtisie commençante peut être enrayée par ce traitement. Chaque année les résultats du traitement à l'établissement hydrothérapique de Benfeld ont été communiqués par le docteur Sieffermann à l'ancienne Société de médecine de Strasbourg, supprimée depuis comme tant d'autres associations alsaciennes du temps français. Outre les observations imprimées dans la *Gazette médicale de Strasbourg*, et dans d'autres recueils spéciaux, il a publié plusieurs mémoires dont voici les titres : *Aérothérapie et pneumatothérapie*, Strasbourg 1876. — *Hydrothérapie. Principe et mode d'action. Pratique. Indications thérapeutiques.* Strasbourg 1878. — *L'hydrothérapie dans la fièvre typhoïde. Des inhalations d'azote.* Strasbourg 1883. — *Observations de sclérodermie généralisée. Amélioration par le traitement hydrothérapique.* Strasbourg 1884. — Tout récemment M. Sieffermann a publié aussi une nouvelle édition du *Procès des accusés du Haut-Rhin dans l'affaire du 14 juin 1849*. C'est la reproduction, avec une introduction historique, du compte-rendu des débats devant la Cour de Besançon, sur cette affaire politique qui eut, en son temps, un retentissement considérable dans toute la Haute-Alsace et dont le souvenir ne s'est pas encore effacé à Colmar. Ch. G.

Le capitaine BINGER

LE CAPITAINE BINGER

LE 11 mai 1889, débarquait à Marseille le capitaine d'infanterie de marine Binger. Il venait d'un voyage d'exploration dans l'Afrique occidentale et avait traversé les régions presque entièrement inconnues du Niger.

Binger, Louis-Gustave, naquit à Strasbourg, le 14 octobre 1856. A 18 ans il quitta, avec un *Auswanderungsschein*, Sarreguemines où il s'était retiré avec sa mère, et vint s'engager en France au 20e bataillon de chasseurs. Il fut nommé sous-lieutenant au 4e régiment d'infanterie de marine en 1880, puis lieutenant en 1883 et enfin capitaine le 23 juin 1888.

Il fit plusieurs séjours au Sénégal et accompagna comme topographe, différentes expéditions dans la Casamance et dans le Cayor. En 1884-1885 il fit partie de la mission topographique qui devait étudier le projet d'un tracé de chemin de fer à voie étroite, 550 kilomètres, destiné à relier le Sénégal au Niger. Cette étude lui valut les éloges les plus chaleureux et il fut chargé d'établir avec la collaboration du capitaine Monteil une carte complète de nos possessions de la côte occidentale d'Afrique. En même temps Binger réunissait les documents linguistiques indispensables à l'étude de la langue Bambara et il publiait à Paris, en 1886, chez Maisonneuve et Leclerc, un essai sur la langue Bambara.

Ces travaux appelèrent l'attention du général Faidherbe sur le jeune officier, et l'ex-gouverneur du Sénégal l'attacha à sa personne comme officier d'ordonnance. C'est alors que Binger collabora avec le général à un ouvrage important qui fit faire de grands progrès à la linguistique du Soudan occidental. Ce traité des langues sénégalaises comprend l'étude du Wolof, de l'Arabe Hassania, du Soninké et du Sérère. Les nombreux documents réunis par le général Faidherbe sur le Soudan et la magnifique bibliothèque qu'il avait su collectionner permirent à notre compatriote de rassembler tous les documents nécessaires au grand voyage qu'il se proposait d'accomplir sans aucun autre Européen, sans interprète, ni troupe armée.

Il partit de Bordeaux, le 20 février 1887, plein de confiance dans la réussite de sa téméraire entreprise. En juin 1887, il franchissait le Niger à Bammakou, accompagné d'une faible escorte de neuf indigènes. Bien outillé, connaissant à fond les noirs, parlant plusieurs de leurs langues et l'arabe, il s'avançait méthodiquement à travers le pays de Samory. Le chef était en état de guerre contre Thiéba et assiégeait Sikaso, la capitale du Kénédougou. Binger dut s'y rendre pour saluer Samory et lui demander le passage à travers ses Etats. Samory, qui se trouvait dans une situation difficile et qui désirait intimider son adversaire, en lui faisant croire que les Blancs lui envoyaient des secours, voulut en quelque sorte imposer un séjour indéfini au milieu de son armée au capitaine Binger. Notre compatriote ne réussit à quitter les Etats de ce chef, que grâce à son attitude énergique qui en imposa à ce roi despote. Les hommes de son escorte lui dirent que, si un noir s'était permis un pareil langage, Samory l'aurait fait décapiter sur le champ.

Binger, après avoir essayé vainement de se diriger sur Kong par Tengréla, dut se résigner à traverser les lignes de Thiéba et à entrer dans le Follona. Les indigènes résolurent de l'assassiner à Tengréla. Son étude des langues lui permit de se disculper et ce n'est qu'à l'aide d'une diplomatie particulièrement fine, que notre vaillant compatriote put sauver sa tête.

Tant de tribulations avaient miné sa santé. En arrivant dans le Follona, il fut atteint d'une fièvre bilieuse hématurique à laquelle il faillit succomber; sa robuste constitution le sauva et il put enfin atteindre l'Etat de Kong et entrer dans cette capitale mystérieuse à 700 kilomètres au sud de Bammakou. Ce fut le 20 février 1887, un an, jour pour jour, après son départ de France, qu'il fit son entrée à Kong, ville de 10,000 habitants. La population était hostile aux Français qui passaient pour les alliés de Samory, aussi Binger courut un nouveau danger. Grâce à son habileté cependant, il réussit à se concilier en moins de huit jours l'amitié des personnages influents de Kong et obtint un sauf conduit qui lui permit de gagner sans trop d'incidents fâcheux le pays des Bobo, le Dafina, le Gourounsi et de remonter à 500 kilomètres au nord jusqu'à Waghadougou, capitale du Mossi. Des circonstances trop longues à énumérer ici, l'obligèrent à gagner Oual-Oualé à travers le Gourounsi oriental, où il eut à lutter pendant dix-huit jours contre la rapacité et les exactions des chefs.

Sans guides, tenu jour et nuit en éveil, l'explorateur avec sa petite escorte de neuf hommes, armés de trois fusils et de quelques pistolets à silex, en imposa à des bandes armées et nombreuses qui venaient le harceler et le suivaient comme des oiseaux de proie. Pendant ces dix-huit jours, la nourriture, qui ne consistait qu'en maïs grillé, avait éprouvé le personnel y compris son chef, et on dut rester à Oual-Oualé pendant quarante jours pour attendre que les forces revinssent. En septembre on gagna, à travers le Dagomba, le Goudja et Salaga où Binger attendit la fin de l'hivernage.

L'explorateur revint par le nord de l'Ashanti sur Kong en traversant le Bondoukou. Le 5 janvier 1889, il retrouvait à Kong M. Treich-Laplène, chargé par le gouvernement de le rejoindre. Nos deux compatriotes, après avoir traité avec l'Etat de Kong, Bondoukou et d'autres pays du Comoë, revinrent partie à pied, partie en pirogues, par le Comoë à Grand-Bassam où ils arrivèrent le 20 mars 1889.

Sans compter les traités qui assurent notre protectorat sur toutes les régions visitées par l'explorateur et qui ouvrent à notre activité commerciale et industrielle un champ d'action considérable, Binger a relevé plus de 4000 kilomètres à la boussole et environ 50,000 kilomètres d'itinéraires à l'aide de renseignements.

Toutes les sociétés savantes ont tenu à féliciter l'explorateur à son arrivée en France. M. de Lesseps à la tête des délégations de ces sociétés est venu le saluer à la gare de Lyon. Les ministres et le Président de la République se sont fait présenter le capitaine Binger. Enfin le général Février, grand chancelier de la Légion d'honneur, l'a attaché à sa personne comme officier d'ordonnance, tandis que la Société de géographie de Paris lui a décerné sa grande médaille d'or pour les découvertes géographiques les plus importantes de l'année.

Dr JULES DAGONET.

ANT. MEYER, PHOTOG. COLMAR   DÉPOSÉ

EDMOND FUCHS

Edmond FUCHS
1837-1889

INGÉNIEUR et professeur à l'école nationale des mines à Paris, attaché au levé de la carte géologique de France, était à la fois un naturaliste distingué, un grand voyageur, un artiste au sentiment délicat. Né à Strasbourg le 1ᵉʳ août 1837, il a été enlevé le 7 septembre 1889 à sa famille, à ses amis, à la science, par une mort prématurée et inattendue. Après de bonnes études au gymnase protestant de sa ville natale, il entra à l'école polytechnique à Paris, dont il sortit second en 1858, pour passer à l'école des mines. A peine sorti de cette dernière école, comme élève ingénieur, que ses maîtres de la veille, frappés de ses qualités brillantes, se l'attachèrent comme collègue, chargé du cours de géométrie descriptive et des leçons de topographie, puis encore du cours de topographie appliquée à partir de 1879. La géologie l'attirait tout particulièrement et il a doté l'école des mines d'une riche collection des gîtes minéraux. Aussi, lors de la création du service de la carte géologique détaillée de la France, en 1868, Elie de Beaumont le choisit pour prendre part à la coordination de cet immense travail. Seul, ou en collaboration, il a exécuté le relevé et le tracé de quatorze feuilles de la grande carte au 1/80000°. Sa connaissance des gîtes minéraux lui valut de nombreuses missions, dans toutes les parties du monde, pour donner un avis d'expert sur des gisements à exploiter ou en exploitation. Ces voyages fréquents et lointains ont donné occasion au savant ingénieur de recueillir beaucoup d'observations, dont ont pu profiter ses élèves, mais qu'il n'a pu publier toutes, faute de temps. Néanmoins, outre des notes nombreuses publiées dans les *Annales des mines,* dans le *Bulletin de la Société géologique,* dans les *Comptes-rendus de l'Académie des sciences,* il laisse une monographie de l'or, actuellement en cours de publication et écrite en collaboration avec M. Cumenge, son ami, compagnon de ses travaux. Les notes de son cours sur les gîtes minéraux au double point de vue géologique et industriel, qu'il n'a pu faire imprimer lui-même, fourniront également la matière d'un traité important.

Plus d'une fois, dans le cours de mes excursions géologiques au milieu des Vosges, j'ai eu le plaisir de rencontrer Edmond Fuchs, explorant nos montagnes pour le service de la carte de France. Ses explorations faites pour ce service et commencées en 1866, à une époque où l'Alsace était encore française, portent surtout sur les départements de l'Est. Ses voyages hors de France l'ont conduit successivement dans l'Oural et en Sibérie, au Chili par le cap Horn, dans la Sonora, au Colorado, en Algérie et en Tunisie, au Tonkin et au Cambodge, pour ne pas parler des différents pays d'Europe, depuis la Suède jusqu'en Espagne. Servi par une rare intelligence, par le don de l'observation et par une aptitude merveilleuse à s'assimiler promptement les idiômes étrangers, il a ainsi parcouru le monde pour en étudier les richesses minérales susceptibles d'exploitation. « Dans cette branche si vaste et si importante de la science géologique, dit Mallard, un de ses biographes, il devint un maître incontesté : aucun savant n'avait vu plus de faits et ne les avait mieux vus, aucun n'avait accumulé plus de documents exacts et ne les avait mieux classés. »

Les voyages de Fuchs en Tunisie remontent aux années 1873 et 1874. Le gouvernement français l'avait chargé de reconnaître sur les lieux les ressources minérales de la contrée. Sa vie fut plusieurs fois en danger dans le cours de ces explorations fécondes en résultats. Un de ses voyages l'amena sur la côte de Gabès, où il détermina l'altitude exacte du seuil formé entre la Méditerranée et les lacs salés, où l'on proposait alors de créer une mer intérieure, pénétrant dans le Sahara et en communication avec la petite Syrte. Les études faites depuis ont montré que le percement du seuil de Gabès pour amener l'eau de la Méditerranée dans les lacs salés, dont le niveau est un peu plus bas, aurait seulement pour résultat de convertir ces lacs en vastes salines, sans aucune utilité pratique, sans avantage suffisant pour motiver les frais d'ouverture d'un chenal en communication avec les lacs et la mer.

C'est en 1881 que le ministre de la marine et des colonies confia à Fuchs une autre mission au Cambodge et au Tonkin, sur l'initiative du gouverneur de la Cochinchine, M. Le Myre de Vilers. Il s'agissait encore de déterminer et d'évaluer les produits minéraux des territoires acquis par la France dans ces régions lointaines. Ici, l'explorateur eut à lutter autant contre les atteintes du climat que contre l'hostilité des habitants. A force de courage et aux prix des plus grandes fatigues, notre ami, qui jouissait alors d'une constitution vigoureuse, réussit à mener à bonne fin la reconnaissance géologique des environs de Haiphong et de Hanoï. Le premier, il signala les grands gisements de fer du Cambodge et les dépôts houillers du Tonkin. L'exploitation de ces derniers dépôts menace d'une rude concurrence le commerce de la houille anglaise dans les ports de l'extrême

Orient. Pourtant un Européen ne séjourne pas impunément dans ces contrées meurtrières pour les races du nord. En recueillant des connaissances précieuses pour la science et pour l'industrie, Edmond Fuchs contracta pendant ses longues marches à travers les rizières humides, sous un soleil ardent, un empoisonnement du sang, dont les suites devaient l'enlever quelques années plus tard. Revenu en France très souffrant, il ne se remit jamais des atteintes de ce mal.

Quand éclata la guerre de la France avec l'Allemagne, en 1870, l'infatigable explorateur était au Chili. A la nouvelle de cet événement, nous l'avons vu revenir en toute hâte, par la voie la plus rapide, afin de prendre part à la défense nationale. L'Alsace était déjà conquise et Strasbourg, sa ville natale, occupée par l'étranger. L'amiral Jauréguiberry lui confia la direction du génie civil dans le corps d'armée placé sous ses ordres. Sa vaillante conduite devant l'ennemi lui valut la croix d'officier de la Légion d'honneur. Il avait été nommé chevalier en 1867 pour les services rendus comme secrétaire d'une des sections de l'Exposition universelle de Paris. « Ecrivain scientifique et technique distingué, a dit M. Haton de la Goupillière, aujourd'hui directeur de l'Ecole supérieure des mines, Edmond Fuchs était en même temps un poète charmant. La musique le passionnait aussi et le monde artistique n'oubliera jamais avec quel éclat a été exécuté pour la première fois à Paris *Rédemption*, sous la direction de Gounod, par la *Concordia*, cette société chorale si florissante fondée par Madame Henriette Fuchs, avec le concours de son mari ! »

CHARLES GRAD,
de l'Institut de France.

ANT. MEYER, PHOTOG. COLMAR   DÉPOSÉ

Émile HUBNER

Emile HUBNER
1821-1888.

Ingénieur mécanicien et manufacturier, inventeur de différentes machines employées dans les industries textiles, est né à Mulhouse le 8 juin 1821 et mort à Paris le 1er mai 1888. Fils de ses œuvres, il dut sa fortune et ses succès à lui seul, à son génie inventif uni à un travail opiniâtre. Ses parents, descendant d'anciennes familles de la ville, avaient sept enfants. Son père, dessinateur industriel, comptait l'initier à sa profession; mais tout enfant Emile Hubner déclara vouloir être mécanicien. Après avoir suivi les écoles primaires de Cernay et de Mulhouse, et fréquenté simultanément une école de dessin, où il obtint sa première médaille, il entra à l'âge de quinze ans chez un maître serrurier, chez lequel il acquit cette dextérité de main qui lui fut si utile plus tard. Au lieu de cet apprentissage, il aurait désiré entrer dans les ateliers de constructions mécaniques de la maison André Kœchlin, dont un des chefs déclara pourtant à son père qu'il apprendrait mieux à travailler chez un petit artisan que dans de grands ateliers. Un moment sa famille le plaça aussi dans les bureaux d'une maison de commerce. Seulement, il préférait de beaucoup les machines aux écritures. En septembre 1838, il trouva sa voie en entrant dans la filature Nægely, à Mulhouse, qui jouissait alors d'une réputation de premier ordre.

Deux années durant, Hubner apprit à fond la filature du coton dans cet établissement. Il en sortit pour apprendre la filature de la laine dans une nouvelle manufacture construite par MM. Kœchlin-

Risler et Cie. « Ce fut pour lui un temps très dur, dit M. Auguste Lalance, député de Mulhouse au Reichstag, dans une notice nécrologique lue à la Société industrielle de Mulhouse, M. Jérémie Risler, qui a joué un si grand rôle dans la création de l'industrie textile en Alsace, avait un caractère difficile et distribuait à ses élèves plus de reproches que de bonnes paroles. Mais un jour, entrant dans l'atelier des peigneuses Cellier, il aperçut un perfectionnement notable, supprimant un homme par machine. Il demanda qui en était l'auteur. Emile Hubner se nomma. Alors M. Risler lui tendit la main, et depuis ce jour le maître sévère devint un ami bienveillant. »

Bien au courant du travail de la laine et du coton, le jeune mécanicien passa en 1842 dans la filature de lin de la maison Bock-Richard et Cie afin de compléter sa connaissance des différents textiles. La filature du lin était alors une industrie très malsaine. Hubner, qui voulait tout voir, tout connaître, jusqu'aux derniers détails, fut pris d'une maladie grave. Envoyé dans le midi par les médecins, pour se rétablir dans un climat plus doux, il accepta un emploi de directeur d'une filature de coton à Nay, près de Pau. Il avait vingt-deux ans et allait être réduit à ses seules ressources, dans un pays loin de tout atelier de constructions mécaniques. Il se tira brillamment de sa nouvelle tâche, comme l'affirme une lettre de ses patrons, que M. Lalance a reproduite dans sa notice. Cinq ans plus tard, en 1848, le directeur de la filature de Nay s'associa à un capitaliste pour fonder à Sainte-Marie-d'Oloron une filature de laine cardée, sous la raison sociale Falguière et Hubner, pour la fabrication de filés pour tricots.

Cette entreprise ne réussit pas. Par contre elle amena son promoteur à reprendre l'étude du peignage de la laine. Se rappelant les défauts de la peigneuse Cellier, il s'efforça de trouver une machine nouvelle, donnant un meilleur produit, travaillant d'une manière continue et occupant moins de place. En 1850, Hubner rentra à Mulhouse, sans grande économie, mais la machine nouvelle prête pour l'exécution. Il offrit à la maison André Kœchlin d'acheter son invention, ignorant encore l'existence et le succès de la peigneuse Heilmann. Tout d'abord les constructeurs demandèrent à l'inventeur d'établir une de ses machines pour la voir fonctionner. Pour cela ils mirent à sa disposition les moyens nécessaires. « On m'avait adjoint à lui pour faire ce travail, raconte M. Lalance, et j'ai vu jour par jour cette patiente lutte de l'inventeur contre les difficultés, changeant sans cesse ses dispositions et créant enfin cet admirable ensemble mécanique, qui, après quarante ans, est resté à peu près ce qu'il était le premier jour... Il avait remarqué qu'une mèche de textile, pressée entre un corps rugueux et une surface polie, frottant l'une sur l'autre, suit le mouvement du corps rugueux. C'est sur ce principe si simple que fut construite sa peigneuse, qui, la première, présenta un travail continu dans toutes ses parties. »

Les mécaniciens, qui virent travailler la peigneuse nouvelle, pensaient qu'elle s'écartait assez des dispositions brevetées par Josué Heilmann, un autre inventeur alsacien, pour obtenir un brevet spécial. Hubner prit ce brevet le 27 août 1851. Seulement lorsque la maison Kœchlin se prépara à construire les peigneuses Hubner, la maison Schlumberger, de Guebwiller, la menaça d'un procès en contrefaçon, non sans offrir une somme de 300,000 fr. de dédommagement si l'on ajournait la construction de la machine nouvelle jusqu'à l'expiration prochaine du brevet Heilmann. Les constructeurs et l'inventeur consentirent à cette combinaison, moyennant le partage entre eux, à parts égales de la somme offerte en dédommagement. Cela n'empêcha pas de construire des peigneuses Hubner en Suisse, quelque temps après. La maison Dollfus-Mieg et Cie en exploitait une soixantaine dans sa filature de Dornach, dès 1860. Aujourd'hui cette machine remplace presque partout, dans les filatures de coton, la peigneuse Heilmann, à cause de sa plus grande simplicité et de son rendement plus considérable. La Société industrielle lui décerna le prix Emile Dollfus d'une valeur de 6,000 fr. qu'il abandonna aux deux écoles de filature et de tissage de Mulhouse.

Une autre machine inventée par Emile Hubner porte le nom de débrutisseuse. Celle-ci devait moins fatiguer les fibres de la laine que la carde ordinaire; mais elle n'eut pas le succès de la peigneuse. Plus tard l'inventeur, arrivé à l'aisance, imagina une modification de sa peigneuse pour le travail des déchets de schappe de soie que l'on abandonnait sur le fumier. Il réussit à combiner une machine qui retirait de ces balayures un beau peigné bien brillant. Cette machine, il l'exploita lui-même dans une manufacture pour le peignage et la filature de la schappe, établie à Paris en 1862 avec un plein succès. Pendant l'hiver de 1870, alors que les Allemands assiégeaient la ville, il installa dans son établissement une centaine de lits pour y soigner les soldats blessés ou malades. A l'Exposition universelle de 1878, il obtint une médaillle d'or pour sa peigneuse de laine. Atteint en 1888 d'une maladie mortelle, il légua une partie considérable de sa fortune à sa chère ville natale, à l'hospice et à la Société industrielle de Mulhouse.

Charles Grad.

ANT MEYER PHOTOG COLMAR   DEPOSE

Alexis KREYDER

Alexis KREYDER

RTISTE peintre, né à Andlau en 1849, d'une famille de commerçants. La peinture des fleurs et le paysage ont particulièrement fixé son talent. Dès l'enfance, il a montré un goût très vif pour les beaux arts. Venu à Strasbourg à l'âge de seize ans, il apprit le dessin et la peinture sous la direction de M. Laville, pour aller ensuite étudier dans les ateliers de MM. Zipelius et Fuchs, à Mulhouse, les procédés de la peinture industrielle au point de vue de l'impression sur étoffe, branche de travail dans laquelle l'Alsace est sans rivale. S'étant rendu à Paris en 1859. M. Kreyder s'adonna tout particulièrement à la peinture de fleurs, de fruits, genres dans lesquels il obtint de réels succès. Son premier début au Salon, pour l'exposition annuelle des beaux-arts à Paris, remonte à 1863. Son tableau de cette année était intitulé *Rosier blanc*, assez remarqué pour engager son auteur à figurer depuis au Salon chaque année.

Incontestablement M. Kreyder est un de nos meilleurs peintres de fleurs et de fruits. Dans la pléïade de nos maîtres alsaciens, son talent le place à côté de Hirn, le père de notre éminent physicien du Logelbach, enlevé à la science et au pays ces derniers jours. Dans plusieurs de ses toiles, il s'est montré paysagiste d'un grand mérite. Plusieurs paysages ébauchés par Th. Rousseau ont été achevés par M. Kreyder, dont les œuvres manifestent un vif sentiment de la nature, un dessin savant et précis, un coloris harmonieux et chaud, beaucoup de fraîcheur et d'éclat, une exécution vigoureuse et originale. Parmi ses tableaux exposés au Salon nous signalons : en 1864, *Fleurs et fruits; Offrande à Bacchus;* en 1866, *Fleurs;* en 1867, un *Rosier en automne;* en 1868, *Raisins*, placé au Musée du Luxembourg; en 1869, *Une source*, également acheté par l'Etat; en 1870, *Fleurs des champs;* en 1872, *Pommier en fleurs;* en 1873, *Une vigne;* en 1874, *Raisins et Pêches, Au bord d'un champ de blé;* en 1875, *Un bouquet de roses, Lilas, Raisins;* en 1876, *Au bord d'un ruisseau;* en 1877, *Corbeille de raisins*, etc., etc.

Dès 1867, le gracieux et aimable artiste, qui fixe avec un si remarquable talent sur la toile les nuances délicates de nos fleurs, a obtenu une médaille au Salon, qui l'a exempté du jury d'admission; en 1884 la médaille de 2ᵉ classe le mit hors concours, comme ses compatriotes Henner, Jundt, Lix, Pabst et Schützenberger. Les *Fleurs des Champs* firent sensation en 1870, comme plus tard le *Champ de blé* et *Au bord d'un ruisseau*. Ce dernier tableau, au dire de M. Charles Clément, est un chef-d'œuvre dans son genre. Ses églantines, ses boutons d'or, ses marguerites ont un éclat, une fraîcheur qui dépassent tout ce que l'on peut imaginer. C'est le printemps avec toute sa grâce, sa gaîté, sa splendeur, mis dans un cadre. Sur l'eau claire du ruisseau, l'églantier sauvage jette à profusion ses branches couvertes de fleurs roses, de vigoureuses fougères en plein épanouissement, comme le romantique val d'Andlau en offre tant au regard du promeneur. Tout un petit monde s'agite dans ce coin riant; un martin-pêcheur guette la truite qui se glisse sous l'eau transparente; la grenouille verte s'y prélasse; la libellule aux ailes bleues y fait mille tours. C'est la vie intime prise sur le fait. Quant au *Champ de blé*, du Salon de 1874, il nous transporte en plein Kochersberg, à la veille de la moisson. Un blé mûr avec des épis d'or, des coquelicots, des bouillons et des bluets que vous voudriez cueillir, avec deux petites cailles qui furtivement se glissent à travers cette végétation exubérante, tout cela merveilleux d'exécution, de relief et de couleur !

Une médaille a été accordée également à M. Kreyder à l'Exposition universelle du Centenaire. C'est en collaboration avec Théodore Rousseau qu'il a exécuté les panneaux décoratifs de l'hôtel du prince Démidof. Nous avons quelques-unes de ses toiles au musée de Mulhouse, tandis que d'autres sont allées en Angleterre, en Amérique, en Russie, à Constantinople dans un palais du Sultan. Voici longtemps que Paul Janet, alors professeur à la Faculté des lettres de Strasbourg, aujourd'hui un des maîtres de la Sorbonne, après avoir regardé, pendant ses jours de villégiature, le futur peintre du *Ruisseau d'Alsace*, encore écolier, dessiner comme le Giotto au charbon noir sur les murs de son village, les objets qui frappaient son regard d'artiste, l'engagea à aller perfectionner son talent dans les écoles de dessin de Strasbourg et de Mulhouse. M. Kreyder, arrivé à la renommée, n'oublie pas le pays natal et chaque année nous le voyons revenir dans ses Vosges d'Alsace, où il a puisé ses premières inspirations. Presque chaque année, il fait des séjours prolongés, avec son ami François Millet, le fils du peintre de l'*Angelus*, chez Madame Frédéric Hartmann, à Munster, et au châlet hospitalier de la Schlucht. L'air vif et pur des montagnes retrempe nos artistes et les gorges du Hohneck leur fourniront longtemps encore des motifs d'inspiration, aussi variés que nouveaux.

CHARLES GRAD,
correspondant de l'Institut de France.

ANT. MEYER, PHOTOG. COLMAR   DEPOSE

D' F. FAUDEL

FAUDEL, Charles-Frédéric

Faudel, Charles-Frédéric, né à Colmar le 5 août 1826, a fait ses classes au collège communal de cette ville et ses études médicales à l'ancienne Faculté de Strasbourg; interne des hôpitaux, il obtint le titre de docteur avec le prix de thèse en 1852.

Ses goûts de naturaliste le portèrent à fréquenter en même temps que les cours de la Faculté de médecine, ceux de la Faculté des sciences, suivant ainsi les traditions de famille, à la fois médicales et scientifiques [1].

Après avoir passé quelque temps à Paris pour s'y perfectionner aux leçons des professeurs en renom, le docteur Faudel se livra avec ardeur à l'exercice de la médecine, d'abord dans les établissements industriels de Beaucourt et de Wesserling; puis à Colmar de 1854 à 1878, époque à laquelle une grave maladie, dont les funestes atteintes se font encore sentir aujourd'hui, l'obligea à renoncer à tout service pénible.

Pendant ces vingt-cinq années de pratique médicale, il se fit apprécier de ses concitoyens, tant par ses connaissances professionnelles que par son activité et sa sollicitude pour ses malades. *Médecin cantonal*, de la *Caisse générale de secours mutuels*,

---

[1] Son père, *Georges-Frédéric* (1787-1855), d. m., connu pour sa philanthropie, son érudition et ses goûts artistiques, avait formé une des premières collections de numismatique alsacienne.
Son grand-père, *Guillaume-Frédéric* (1758-1794), médecin physicien de l'hôpital civil de Colmar, est l'auteur de la thèse si recherchée *De viticultura Richovillana* (Arg. 1780).

de la *Maison évangélique de santé* et du *Diaconat* de Colmar, il se dévoua pendant les épidémies de choléra de 1854-55, puis dans l'ambulance organisée par ses soins à la Maison de santé, pendant la guerre de 1870.

Son attachement à nos associations confraternelles lui a valu la sympathie et le respect du corps médical alsacien; ses rapports et discours comme secrétaire ou président de la *Société médicale* et de la *Caisse de prévoyance des médecins du Haut-Rhin*, ses nombreux articles nécrologiques sur les confrères décédés, témoignent du profond intérêt qu'il portait à ces institutions.

C'est en 1867 que le docteur Faudel est arrivé à la notoriété parmi les géologues et les préhistoriens, par la découverte qu'il fit, dans le *lehm* d'Eguisheim, d'un crâne humain associé à des ossements d'animaux éteints. Déjà il s'était fait connaître comme fondateur et organisateur de la *Société* et du *Musée d'histoire naturelle de Colmar*, qui tous deux devaient plus tard, sous son intelligente direction, acquérir un renom bien mérité.

Cette société, en effet, a publié par ses soins, de 1860 à 1888, une série de *Bulletins* très appréciés du monde scientifique, et offrant un ensemble remarquable de mémoires sur l'histoire naturelle de nos contrées. D'autre part, grâce à son initiative et à ses relations personnelles, le Musée d'histoire naturelle, dont il est resté l'âme, s'est développé très rapidement; les diverses collections y sont classées avec un ordre et une méthode que pourraient envier bien des musées de grandes villes.

La mise en œuvre des matériaux accumulés par les soins du docteur Faudel, joints à ceux qu'il sut découvrir dans les collections publiques et privées du pays, a été le but constant de ses efforts, comme le témoigne le travail important publié en collaboration avec le professeur Bleicher, sous le titre de: *Matériaux pour une étude préhistorique de l'Alsace.* C'est l'œuvre capitale du docteur Faudel, mais il suffira de jeter un coup d'œil sur la liste de ses publications pour reconnaître combien son activité a été féconde, et quelle grande part il a prise depuis trente ans au mouvement scientifique alsacien.

Titres et Fonctions.

Bachelier ès-lettres et ès-sciences, 1845-46.
Médaille de bronze de l'Ecole pratique, Strasb. 1850.
Médaille d'argent, prix de thèse de la Faculté de médecine de Strasbourg, 1852.
Officier d'Académie, 1878.
Médaille d'argent de 1re classe décernée par la Société industrielle de Mulhouse pour ses travaux préhistoriques, (en collaboration avec M. le professeur Bleicher), 1886.
Mention honorable de l'Académie des inscriptions et belles lettres, (idem). 1889.
Secrétaire perpétuel de la Société d'histoire naturelle de Colmar, depuis 1859.
Membre du Conseil d'hygiène du Haut-Rhin, 1868.
Secrétaire, puis président de la Société médicale du Haut-Rhin, 1871-1884.
Administrateur de la Caisse d'épargne de Colmar.
Membre honoraire de la Société *belfortaine d'émulation.*
Membre correspondant des Sociétés : *industrielle de Mulhouse,* d'*agriculture et sciences de la Basse-Alsace,* de *médecine de Strasbourg,* des *Sciences* et de *l'Académie Stanislas* à Nancy, d'*Emulation des Vosges* à Epinal, etc.

Publications.

La plupart des travaux du docteur Faudel ont paru dans les Bulletins de la *Société d'histoire naturelle de Colmar* (H) et de la *Société médicale du Haut-Rhin* (M).

Recherches pratiques sur les fractures récentes du col du fémur. Thèse couronnée. Strasbourg, 1852, in-4° avec pl.
Notice sur l'eau minérale de Soultzbach, Colmar, 1860.
Observation d'ectopie congénitale du cœur, 1877, M.

Ossements fossiles humains découverts dans le lehm d'Eguisheim. Colmar 1867, H (en collaboration avec M. *Scheurer-Kestner*).
Matériaux pour une étude préhistorique de l'Alsace. Cinq publications avec planches, 1878-88, H (en collaboration avec M. *Bleicher*).
Recherches sur l'âge du bronze en Alsace, 1886, H (id.),
Station préhistorique avec faune quaternaire de Vœgtlinshoffen, 1888, H (id.).
Les pierres et les rochers à écuelles et à bassins, 1880, H.
Foyers préhistoriques de Weyer en Basse-Alsace, 1886, H.
Les stations préhistoriques de l'Alsace, 1888, H.
Le tumulus de Lisbühl, 1888, H.

La Société alsato-vosgienne et le *Schwarzwaldverein*, 1868, H.
Notice sur le Mnsée d'histoire naturelle de Colmar et aperçu historique sur le Musée des Unterlinden, 1872, H.
Notices sur la Société médicale du Haut-Rhin, 1876 et 1889, M.
Rapports sur les travaux de la Société d'histoire naturelle de Colmar, de 1860 à 1888, H.

Notices biographiques sur : le professeur *F. Kirschleger*, 1872, H; sur MM. *Fr. Kampmann*, pharmacien-naturaliste; *Henry Schlumberger*, manufacturier ; *Ch. Kœnig*, horticulteur; *Ch. Traut*, ingénieur civil ; *V. Robin*, ingénieur civil des mines; *de Saint-Firmin*, payeur du trésor; *Henry Zæpffel*, conservateur des forêts; membres de la Société d'histoire naturelle de Colmar, 1874-1877, H.
Notice biographique sur le docteur *Ch. Schützenberger*, professeur à la Faculté de médecine de Strasbourg, 1881, M.
Nécrologie des docteurs *Wimpffen* et *Lévy*, de Colmar, *Guillaume Weissgerber*, de Ribeauvillé, etc.

Bibliographie alsatique, comprenant l'histoire naturelle, l'agriculture et la médecine, la biographie des hommes de science et les institutions scientifiques de l'Alsace. Colmar 1874-1878, 1 vol. et 3 suppl.. H.

ANT. MEYER, PHOTOG. COLMAR DEPOSE

GUSTAVE FISCHBACH

FISCHBACH, Gustave

IMPRIMEUR et publiciste, est né à Strasbourg, le 5 février 1847. Après ses études au gymnase protestant de sa ville natale, puis à Paris et à la faculté de droit de Strasbourg, il fut reçu avocat en 1870, au moment où éclata la guerre avec l'Allemagne. Pendant toute la durée de ses études juridiques, il avait collaboré régulièrement au *Courrier du Bas-Rhin*, principale feuille politique de l'Alsace, sous la direction de Charles Bœrsch. Témoin et acteur de la défense de Strasbourg, pendant les mois d'août et de septembre de l'année terrible, M. Fischbach a écrit un volume d'un vif intérêt sur le *Siège de Strasbourg*, qui a eu plusieurs éditions. Après l'annexion de l'Alsace à l'Allemagne, nous l'avons vu plaider encore deux années durant au barreau strasbourgeois, pour entrer ensuite à l'imprimerie de la place Saint-Thomas, ancienne propriété de Silbermann et dont son père avait fait l'acquisition. Tout en s'occupant de la direction artistique de l'établissement, des impressions en couleurs qui avaient leur berceau dans la maison, il ne cessa pas de donner beaucoup d'attention au mouvement politique dans le pays, auquel il s'appliqua de donner un organe propre par la fondation du *Journal d'Alsace*.

La fondation de l'ancienne imprimerie Silbermann remonte au premier quart du siècle dernier et elle occupe maintenant deux cents ouvriers, une quinzaine de presses à vapeur, quatre presses mécaniques pour la lithographie et sept presses à bras, avec des ateliers pour la fonte des caractères, la stéréotypie, la galvanoplastie, la gravure, la lithographie. Sa spécialité, c'est la chromotypographie ou l'impression en couleurs introduite dans l'établissement par G. Silbermann, en 1839, et développée depuis 1870 par M. Fischbach. Grâce à ses perfectionnements continus, ce genre jouit d'une grande vogue. Chaque couleur s'imprime avec une planche spéciale gravée sur zinc. Les albums illustrés de l'éditeur Hetzel sortis de ses ateliers, rendent témoignage des progrès accomplis. Ces albums font la joie des enfants et se fabriquent à un prix si modique, que les procédés de la lithographie et de la gravure ordinaire sur métal n'en donnent pas une idée. Outre les albums Hetzel, nous signalerons parmi les publications remarquables sorties de ses presses la reproduction en trente-cinq tirages de l'ancienne bannière de la ville de Strasbourg, véritable chef-d'œuvre, imprimé à 24 couleurs, sans compter les nuances obtenues par la superposition des tons. On doit aussi à l'imprimerie Fischbach le bel album du *Bombardement de Strasbourg*, l'*Ornithologie de Stein*, ornée de 40 chromolithographies magnifiques, plusieurs ouvrages d'histoire naturelle sur les coléoptères, les papillons, avec de nombreuses planches en couleurs bien exécutées.

Le *Journal d'Alsace*, réuni à l'ancien *Courrier du Bas-Rhin* devait être aux yeux de M. Fischbach l'organe du parti autonomiste. Dirigé par MM. Jules Klein et Ferdinand Schnéegans, le parti autonomiste poursuivait l'idée du gouvernement du pays par le pays sous le régime allemand. Son programme politique pouvait se résumer dans la devise : l'*Alsace-Lorraine aux Alsaciens-Lorrains*. Une bonne part d'illusion se mêlait à ce programme que justifiaient pourtant dans une certaine mesure les promesses faites à la tribune au Reichstag par le prince de Bismarck, immédiatement après l'annexion. Peut-être aussi le caractère protestataire des premières élections de l'Alsace-Lorraine pour le Reichstag, en 1874, a-t-il contribué à modifier les dispositions primitives du gouvernement allemand. Le fait est que la politique autonomiste dont le *Journal d'Alsace* se faisait le promoteur décidé et énergique ne réussit pas à rallier l'adhésion générale. L'idée du gouvernement du pays par le pays, sur le pied d'égalité avec tous les autres Etats allemands, est resté un rêve suivi de déceptions bien vives. Le *Journal d'Alsace* lui-même eut à soutenir des luttes ardentes avec ses adversaires, luttes au milieu desquelles il sut gagner la confiance de la population et se faire une place honorable dans la presse politique contemporaine, grâce à l'habile direction de son fondateur.

Elu en 1884 au Conseil général de la Basse-Alsace pour un des cantons de Strasbourg. M. Fischbach fut immédiatement nommé député à la Délégation d'Alsace-Lorraine. Depuis il fait chaque année le rapport sur le budget de l'Université et de la Bibliothèque du pays. Son principal objectif toutefois, après son entrée dans notre petite assemblée législative, a été le rétablissement du conseil municipal de Strasbourg, supprimé après la révocation de M. Lauth, le premier député de la Ville au Reichstag. Une motion, dont il prit l'initiative pour l'élection d'un nouveau conseil, en place de la commission extraordinaire chargée, par le gouvernement, de la gestion des affaires de la ville, fut votée à l'unanimité. Quelques semaines plus tard, le prince de Hohenlohe, Statthalter impérial, autorisa les Strasbourgeois à élire un conseil municipal nouveau. Naturellement le promoteur de la motion municipale figura un des premiers sur la liste des conseillers élus et fut aussitôt désigné comme adjoint au maire, chargé particulièrement du service des beaux-arts, théâtre, conservatoire de musique, musées et collections publiques. En même temps M. Fischbach a administré le bureau de bienfaisance et la caisse d'épargne. Bien au courant des questions théâtrales et musicales, il a publié un livre estimé sur *Le théâtre de Strasbourg et la dotation Apfel*. A cette publication s'ajoute celle d'un ouvrage historique intitulé *La Fuite de Louis XVI*, d'après les archives municipales de Strasbourg; puis un volume de causeries *Au hasard de la plume*, qui a obtenu un vif succès surtout pour les chapitres consacrés aux enfants. Dans les luttes politiques, M. Fischbach a su conserver une attitude qui impose l'estime de tous les partis, au milieu des circonstances difficiles où nous vivons. Après avoir développé dans une large mesure le conservatoire municipal de musique et aidé à la création du Musée des arts industriels, il lui reste à achever son œuvre artistique par la restauration des collections de tableaux et de sculpture dans les galeries du Château sur la place de la Cathédrale, où nous devons avoir notre Musée alsacien des Beaux-Arts. Ni le gouvernement, ni le Landesausschuss ne pourront refuser leur concours pour l'accomplissement de cette tâche patriotique.

Charles GRAD.

ANT. MEYER, PHOTOG COLMAR   DEPOSE

KEMPF, Jean-Jacques

KEMPF, Jean-Jacques

AGRICULTEUR, doyen du Conseil général de la Haute-Alsace et du Landesausschuss d'Alsace-Lorraine, naquit à Kœtzingen, le 20 avril 1810. Kœtzingen est un petit village du canton de Landser, dans le Sundgau. La commune comptait au recensement de 1885 environ 365 habitants, formant 78 familles avec un égal nombre de maisons d'habitation. Sur une superficie totale de 504 hectares, la banlieue comprend 387 hectares de terres arables, 65 hectares de prairies, 13 hectares de vignes, le restant en bois, en chemins et en terrains surbâtis. Formé par des alluvions anciennes, le terrain présente une succession de collines ou d'ondulations, d'un aspect un peu monotone, mais gracieux pourtant à l'approche des moissons. Une bonne route allant d'Altkirch à Sierentz, où se trouve une station de chemin de fer, traverse la localité, distante de 6 kilomètres. Il y a vingt ans, au moment de l'annexion allemande, Kœtzingen avait une population de 455 individus, dont le nombre s'est réduit depuis par suite d'un mouvement d'émigration devenu général dans nos campagnes d'Alsace.

C'est dans ce milieu agreste que M. Kempf a déployé une activité féconde pendant sa longue et laborieuse carrière. Fils de paysan, doué d'une intelligence pénétrante, unie à son grand attachement pour les populations rurales, il a voué sa vie à améliorer les conditions d'existence des campagnards qui l'entouraient, en les initiant à de meilleures méthodes de cultures, en développant leur instruction, en les tirant de leur isolement par la création de voies de communications plus faciles. De brillantes études littéraires, faites aux collèges d'Altkirch et de Colmar, lui attirèrent les éloges de la faculté des lettres de Strasbourg, avec l'offre d'une chaire de rhétorique dans un établissement d'instruction secondaire de la contrée. M. Kempf avait alors vingt-deux ans et pouvait aspirer à un bel avenir dans la carrière de l'enseignement. La mort de ses parents, dont il était l'unique enfant, le laissa à la tête d'un joli domaine, dont il continua l'exploitation, plutôt que d'accepter des fonctions publiques.

Actif, entreprenant, accessible aux idées nouvelles et aux progrès bien constatés, sans rien sacrifier à l'esprit d'aventure et à des essais d'une efficacité douteuse, le jeune débutant en agronomie introduisit dans son exploitation un système complet d'améliorations sanctionnées par l'expérience. Ses cultures devaient servir d'exemple aux paysans de la contrée, en les instruisant par les yeux, en leur montrant les avantages d'un bon draînage des terres humides, du nivellement des prés, de l'alignement des vignes, du choix des cépages appropriés au sol et au climat, de l'amélioration du bétail au moyen de croisements bien appliqués et de l'introduction de reproducteurs de race supérieure. Pour élever plus de bétail et augmenter ainsi la production des engrais, il supprima la jachère pour créer des prairies artificielles et planter des betteraves, deux innovations qui passeraient inaperçues aujourd'hui, mais qui alors ne se sont pas étendues sans peine. En même temps ses efforts tendîrent à améliorer les chemins, afin de faciliter l'exploitation et d'ouvrir des débouchés au dehors. Les effets rémunérateurs de ces travaux en assurèrent le succès mieux que les plus beaux discours. En suivant l'exemple de leur maître bénévole, librement, sans contrainte, les cultivateurs de Kœtzingen, comme ceux de tout le Sundgau arrivèrent peu à peu à l'aisance, au lieu de rester dans la gêne d'autrefois. De toutes les garanties de progrès, c'est là la plus sérieuse, la plus efficace.

En 1853, nous voyons M. Kempf élevé aux fonctions de maire de sa petite commune. Dans le cours de son administration, sans solliciter de secours de l'Etat, avec les seules souscriptions des habitants, le nouveau maire construisit une église nouvelle et établit des fontaines abondantes, là où l'eau manquait. Au moyen de prestations volontaires, il rendit praticables les chemins vicinaux et de défruitement, le premier au travail, le dernier au repos, conduisant lui-même ses attelages pour stimuler ses administrés — sans préjudice pour ses distractions littéraires qui l'amenaient à relire Virgile et à commenter ses auteurs classiques dans l'intervalle de deux tours de labour. Au Conseil général de la Haute-Alsace, où il préside depuis plus de trente ans la commission de vicinalité, il n'a cessé de relever les avantages d'un bon réseau de chemins ruraux. Grâce à lui, les cantons de Landser-Sierentz et de Huningue, autrefois presque inabordables, comme toute la région du Sundgau, sont dotés maintenant de voies de communications excellentes.

Le développement de l'instruction dans les campagnes a autant préoccupé M. Kempf que la création de bons chemins. A ses yeux, tout cultivateur ne doit pas seulement savoir lire, écrire, tenir ses comptes : il lui faut aussi être au courant des améliorations introduites ou à introduire dans son état. Aussi, non content de visiter les écoles de son canton comme délégué de l'instruction publique, il a longtemps pris la peine de faire des conférences aux adultes et aux instituteurs de la région sur les questions susceptibles de favoriser le progrès agricole. Au comice agricole d'Altkirch, comme plus tard à celui de Mulhouse, il a provoqué et dirigé, avec Xavier Jourdain et Mathieu Thierry-Mieg, deux autres agronomes qui ont fait beaucoup de bien au pays, les entreprises susceptibles de contribuer au perfectionnement de l'agriculture par tous les moyens possibles. Nul mieux que lui ne connaît d'ailleurs les besoins de nos populations rurales, qui ont dans son jugement une confiance inébranlable et lui ont voué un attachement qui ne se démentit jamais.

Tout naturellement tant de zèle déployé pour l'intérêt publique devait amener M. Kempf au sein de nos assemblées délibératives. Elu en 1850 au conseil d'arrondissement d'Altkirch, il représente depuis 1855 le canton de Sierentz-Landser au Conseil général de la Haute-Alsace, dont il est vice-président ainsi que le doyen d'âge. De même il appartient à notre Délégation d'Alsace-Lorraine depuis son origine et s'il n'est pas député au Reichstag, cela tient à ce qu'il ne veut pas de ce mandat. Au Landesausschuss, comme au Conseil général, comme partout, M. Kempf s'est constitué le défenseur des intérêts agricoles, mais sans esprit exclusif et en soutenant toutes les propositions susceptibles de réaliser un progrès. Sa grande compétence des choses rurales s'est particulièrement manifestée dans la commission chargée de l'examen du projet de loi pour le renouvellement du cadastre et la péréquation de l'impôt foncier. Rappelons aussi qu'en 1868, l'honorable doyen du Landesausschuss a refusé la croix de la Légion d'honneur que lui offrait le préfet de Colmar!

CHARLES GRAD.

STÆHLING, Charles

STÆHLING, Charles

Naquit le 12 octobre 1816 à Strasbourg, où il passa, comme la plupart de ses contemporains, par le Gymnase protestant. En 1831 il fit son apprentissage commercial, et dès 1839 son intelligence et son activité le mirent en état de fonder lui-même une maison de commerce, qui bientôt fut comptée parmi les établissements notables de Strasbourg.

En 1848 il devint par le suffrage de ses concitoyens membre de la Chambre de commerce. Plus tard le même suffrage le fit successivement entrer au Conseil municipal, au Consistoire du Temple-Neuf, au Conseil d'arrondissement de Strasbourg et au Conseil d'administration de l'ancienne Compagnie du Canal du Rhône au Rhin.

Ch. Stæhling n'était pas seulement homme d'affaires; membre de la Société des sciences, agriculture et arts du Bas-Rhin, de la Société française d'archéologie et de la Société des monuments historiques, il aimait à cultiver les arts. La musique surtout fut pour lui l'objet d'une prédilection marquée; et pendant vingt ans, à partir de 1831, il n'y eut presque pas de concert d'amateurs, dont il ne fît partie. Sous la monarchie de Juillet, les Strasbourgeois vivaient en si bonne intelligence avec leurs voisins les Badois, que dans leurs grandes fêtes musicales les amateurs se prêtaient un concours réciproque aussi empressé que désintéressé. Ch. Stæhling reçut en 1841 du *Kehler Musikverein* et du *Verein der Musikfreunde in Offenburg* les diplômes de membre d'honneur. — Les temps ont bien changé, hélas! De 1857 à 1863, il présida l'Académie de chant de Strasbourg en remplacement de M. Ed. Kratz démissionnaire. En même temps il fit partie de la Commission d'examen du Conservatoire de musique et du Comité administratif de la Caisse d'éméritat des artistes musiciens.

En 1863 éclata la faillite de la banque Hirsch et Cⁱᵉ, véritable catastrophe financière, car près de 1300 créanciers lui avaient confié environ sept millions. L'actif était d'une réalisation longue et difficile. M. Edm. Ehrmann, nommé juge commissaire par le tribunal de commerce, l'évalua dans son premier rapport à environ 48 %. Sur les sollicitations pressantes des créanciers, M. Ch. Stæhling consentit à se charger, à titre gratuit, de la liquidation, avec le concours de son ami M. Ch. V. Holtzapfel, ancien avocat. Grâce à leurs soins consciencieux, on put, au lieu de 48 %, distribuer 73 %, aux créanciers. Ceux-ci, pour reconnaître le dévouement de Ch. Stæhling (M. Holtzapfel était mort en 1871) lui abondonnèrent sur le dernier dividende, réparti en 1873, 12000 francs qu'il versa immédiatement au bureau de bienfaisance. Ce beau don s'y trouve inscrit sur la table de marbre, destinée à perpétuer les noms des donateurs.

Dans sa jeunesse déjà, Ch. Stæhling s'était occupé des intérêts sociaux, si étroitement liés à ceux du commerce. A l'exemple de tous les cœurs généreux, il croyait à la fraternité des peuples, si près de se réaliser, après 1848, mais dont l'essor fut enrayé par l'avénement de Louis Napoléon.

En 1848, il traduisit le fameux Manifeste de Lamartine, alors ministre des affaires étrangères de la République française. Il le fit imprimer chez Silbermann à 2000 exemplaires, et répandre en Allemagne au moyen des nombreux correspondants dont il disposait par l'étendue de ses relations commerciales.

En 1867, lors des affaires du Luxembourg où Napoléon III manifestait déjà des velléités de guerre, il traduisit et fit répandre, par les mêmes moyens, l'adresse des étudiants de Paris à leurs frères d'Allemagne, qu'ils adjuraient de ne pas écouter les conseils perfides de ceux qui poussaient les deux nations à s'entr'égorger!

Vains efforts hélas!

En 1870, profondément navré de voir ses illusions détruites et ses efforts pour empêcher la lutte sanglante frappés de stérilité, aussitôt la guerre déclarée et nos relations avec l'Allemagne rompues, il fonde à Bâle une maison de commerce, et de là, séparé de sa ville natale, où il ne peut plus rentrer à cause de l'investissement subit de Strasbourg, il suit avec anxiété les événements tragiques qui se succèdent avec une effrayante rapidité.

Il conçoit alors l'idée d'adoucir du moins le sort de ses compatriotes, si cruellement éprouvés.

Il s'en ouvre à quelques amis, notamment à M. Bischoff, secrétaire d'Etat à Bâle, lequel se met en rapport avec Zurich et Berne. La Mission suisse est organisée, et le 11 septembre 1870, après des difficultés inouïes pour traverser l'armée assiégeante, les délégués de la Confédération, guidés par Ch. Stæhling, font leur entrée à Strasbourg. Tout Strasbourgeois connaît cet admirable épisode qui, au milieu des horreurs de la guerre, des ravages et des ruines du bombardement, révèle non seulement les bienfaits de la compassion et de la charité, mais encore le courage de manifester ces nobles et généreux sentiments.

Dans une brochure publiée en 1874 : *La Mission suisse à Strasbourg*, digne d'être lue et conservée par chaque Alsacien, Ch. Stæhling expose d'une façon simple et touchante les émotions qu'il a ressenties, et la résolution prise par les Suisses et mise immédiatement à exécution, pour sauver du péril autant de victimes que possible. Resté à Bâle pendant l'hiver de 1870 à 71, sa maison, devenue une sorte de refuge pour beaucoup de ses compatriotes, soignait la correspondance entre ceux qui avaient quitté l'Alsace et ceux qui y étaient restés, et transmettait les fonds que lui envoyaient ses correspondants français pour les soldats prisonniers en Allemagne.

En 1871, après s'être démis de toutes ses fonctions publiques, Ch. Stæhling reprit la direction de sa maison de Strasbourg. En 1873, il la fusionna avec la banque Edmond Klose et Cie et en confia la gestion à son fils aîné et à M. Louis Valentin de la maison Klose.

Depuis lors Ch. Stæhling père continue de vivre dans la retraite, mais non dans l'inaction, se livrant sans ostentation à la philanthropie, ainsi qu'à des travaux littéraires[1] et patriotiques. Il a consacré plusieurs années à la rédaction d'un ouvrage en deux volumes où il retrace l'Histoire contemporaine de Strasbourg et de l'Alsace de 1830 au 1er octobre 1872. Ce livre, écrit sans prétention, renferme une foule de détails intéressants.

Républicain sincère, ami de la liberté, et ardent partisan de la paix, Ch. Stæhling a été pendant plusieurs années membre de la Société des amis de la paix siégeant à Paris; et, depuis sa fondation, de la Ligue internationale de la paix et de la liberté, dont le siège est à

---

[1] Il est l'auteur entre autres de quelques brochures pour la jeunesse, parmi lesquelles nous citerons : *Christophe Colomb et la découverte de l'Amérique. — Guillaume Tell et les fondateurs de l'indépendance suisse*. Paris 1882, Librairie centrale des publications populaires. — *Histoire pour mes Petits-Enfants*, Nancy 1888, Berger-Levrault & Cie.

Genève. Il a publié, soit dans des journaux, soit dans des brochures, une série d'articles en allemand et en français ayant tous la même tendance : Assurer à l'Europe les bienfaits de la paix par la réconciliation de l'Allemagne et de la France. Le dernier volume de son Histoire contemporaine se termine par cette pensée : Si l'union était rétablie entre les deux peuples, les impôts pesant plus particulièrement sur les pauvres seraient supprimés ou du moins réduits. Au lieu de casernes et de forteresses, on construirait des cités ouvrières : le bouge ne ferait plus partie du triste lot des déshérités du sort. La solution des questions sociales serait trouvée, car le socialisme n'aurait plus de raison d'être ! « Hélas ! conclut l'auteur, ce n'est encore qu'un beau rêve. — Peut-être nos fils en verront-ils un jour la réalisation ! Espérons ! »

En attendant Ch. Stæhling continue à diriger ses efforts vers la bienfaisance pratique. Depuis quelques années, il a installé un local garni de tables et de bancs, chauffé en hiver, et dans lequel, chaque jour, près de 150 ouvriers des deux sexes, obligés jusqu'alors de dîner en plein air, sont reçus gratuitement pour y prendre leurs repas. Un autre succès était réservé à Ch. Stæhling dans ses efforts pour le soulagement des pauvres. Consulté par une vieille demoiselle Valérie Rubsamen, sans famille, il l'engagea à faire un testament par lequel elle légua sa fortune entière, près de 300,000 francs au bureau de bienfaisance. Cette institution après avoir payé quelques legs à d'autres établissements hospitaliers, a fait construire, avec le surplus, des maisons dont les logements sont loués à de pauvres et honnêtes familles strasbourgeoises à un loyer ne devant dépasser 2 % du capital employé.

En souhaitant à M. Stæhling de pouvoir continuer en bonne santé sa carrière de dévouement, nous exprimons le vœu que tous les hommes de cœur travaillent comme lui, chacun dans sa sphère, au soulagements des malheureux et à la paix entre les nations, jusqu'à ce que viennent les temps heureux, où elles suivront le conseil du poète :

> Peuples, formez une sainte alliance
> Et donnez vous la main !

LEBLOIS.

ANT. MEYER, PHOTOG. COLMAR DÉPOSÉ

Victor CHAUFFOUR

CHAUFFOUR, Marie-Victor

Est né à Colmar, le 13 mars 1819. En 1832, du 21 septembre au 24 novembre, il perdit ses parents : ce fut son frère aîné, feu M. I. Chauffour, qui servit de père aux neuf orphelins qu'ils délaissaient et dont Victor était un des plus jeunes. Dès le début, la vie fut sérieuse pour lui et il la prit au sérieux. Après de brillantes études au collège de Colmar, où il eut pour condisciple et pour émule Auguste Nefftzer, le fondateur du *Temps,* il commença son droit à Strasbourg. Se destinant à l'enseignement, il suivit ensuite à Heidelberg les cours des maîtres illustres qui portaient alors si loin la réputation de son université.

En 1844, il était docteur en droit et collaborait, avec Wolowski, Troplong, Ch. Giraud, Faustin-Hélie et Ortolan, à la *Revue de législation et de jurisprudence,* où il rendait compte des publications étrangères relatives au droit. Ces premiers essais sont d'un maître, et le jeune jurisconsulte y marquait à l'avance la place éminente qu'il aurait dû occuper un jour dans la science. Sous la forme modeste de l'analyse, ils témoignaient d'une critique personnelle et originale. Parmi les articles que Chauffour a fournis, on peut citer, en 1845, *De la lutte entre l'école des romanistes et des germanistes en Allemagne;* en 1846, *Du morcellement de la propriété foncière;* en 1847, *De l'équité dans le droit romain, Du jury en Angleterre;* en 1848, *Principes du droit privé commun allemand par M. Mittermaier, Le droit de gage chez les Romains.* De toutes ces études, les premières sont celles qui se lisent avec le plus d'intérêt : l'auteur y prend parti contre les romanistes, qui auraient voulu faire prévaloir les règles d'une législation depuis longtemps dépassée par l'évolution de la société moderne, et montre la générosité de son esprit, en applaudissant aux efforts de l'Allemagne qui cherchait à se ressaisir et à reconstituer sa nationalité en restaurant son vieux droit.

En 1846, à la suite de brillants concours, Victor Chauffour fut nommé professeur suppléant provisoire à la Faculté de droit de Strasbourg. En prenant possession de sa chaire, le jeune maître ne put cacher son émotion. Pour lui la jurisprudence n'était pas une vaine casuistique, dont tout l'art consiste à tirer des recueils d'arrêt des textes pour décider des espèces. Pour éclairer sa conscience et fortifier son jugement, il voulait que le jurisconsulte s'inspirât de l'histoire et de la philosophie du droit, de l'économie politique qui en est comme une annexe. La jeunesse des écoles avait encore le culte des idées, et elle ignorait le scepticisme des générations qui l'ont suivie. Aussi goûta-t-elle fort ce nouvel enseignement, où la doctrine était constamment relevée d'aperçus qui en éclairaient la synthèse.

Chauffour avait à peine conquis son auditoire, quand la révolution de Février éclata. Dans son enfance, il avait vu la bourgeoisie de 1830 renverser le trône de Charles X, la Pologne essayer de briser le joug de la Russie : il croyait à l'avènement de la république, à l'affranchissement des peuples. Il avait inauguré son cours par un commentaire raisonné de l'immortelle devise : LIBERTÉ, ÉGALITÉ, FRATERNITÉ. Pour fonder la république, les électeurs du Bas-Rhin envoyèrent le jeune professeur les représenter à la nouvelle Constituante. Leur choix leur fit honneur. Membre du comité de législation, orateur écouté, auteur de propositions importantes, leur élu avait la foi et l'élan des hommes de 48. Lors des élections pour la Législative, ses commettants lui maintinrent son mandat. Mais la majorité s'était déplacée : son premier acte fut de sanctionner l'expédition de Rome, point de départ de la réaction qui devait mener la France au coup d'Etat de Décembre. Quand le président de la république triompha enfin des institutions qui l'avaient porté au pouvoir,

Chauffour qui, avec l'élite de son parti, avait protesté contre l'attentat, paya de l'exil l'opposition qu'il avait faite aux complots de l'Elysée. La mort de la jeune compagne qui avait fait de lui le fils adoptif de Charles Kestner, rendait plus cruel pour lui le coup porté à la patrie.

Il trouva un premier asile à Zurich. Pour complaire à sa nouvelle famille, il entreprit d'étudier la chimie. Mais ce n'était point un aliment suffisant pour un esprit comme le sien. S'il avait suivi son inclination, il serait revenu au droit. Mais quelle vertu pouvait-il avoir encore, quand, en France, le premier des contrats venait d'être impunément violé? Il se réfugia dans le passé et remonta à la Réforme. Il en admirait les héros, théologiens et humanistes, qui avaient les premiers sonné le réveil de la volonté et de la conscience. Il trouvait bon de mettre leur exemple sous les yeux d'une génération qui avait si mal défendu ses droits, et c'est dans cette pensée que l'exilé publia ses *Etudes sur les réformateurs du XVIe siècle* (Paris, 1853, 2 vol. in-12). Commençant par l'histoire d'Ulric de Hutten et de Zwingli, elles devaient se clore par celle de Calvin. Malheureusement l'auteur dut prendre la direction de l'établissement de Schweizerhalle, près de Bâle, que M. Kestner avait acheté et, quoique bien avancée, Chauffour n'eut plus le loisir de terminer l'étude sur le fondateur de l'Eglise de Genève. Ces recherches si nouvelles pour lui l'amenèrent à s'occuper avec prédilection de théologie, et lui qui, selon sa propre expression, reposait volontiers sa tête, quant aux religions positives, « sur l'oreiller commode du doute », ne lut presque plus que des œuvres de théologiens. La lecture et d'affectueuses relations avec les autres proscrits de Décembre, entre autres Barni, Edgard Quinet, Flocon, le colonel Charras, qui plus tard devint son beau-frère, lui rendirent moins cruel ce long séjour à l'étranger.

L'amnistie mit enfin un terme à son exil. Elle lui permit de prêter à son beau-père un concours plus actif à Thann

Il est mort à Paris, le 23 juin 1889. Ses obsèques donnèrent enfin occasion à ses amis, à ses collègues, à ses compatriotes d'Alsace-Lorraine de dire l'estime où ils tenaient ce caractère d'élite. Mais la profession de foi qu'il a laissée, l'emporte sur tous leurs témoignages :

« Je meurs convaincu que la civilisation et la société européenne ne peuvent, dans la grande crise qu'elles traversent, être sauvées que par un énergique réveil du sentiment individuel et par la transformation radicale de toutes les institutions politiques, administratives et économiques, sous l'action d'une pleine liberté. J'ai toujours cru que la République est la forme naturelle et nécessaire de ce gouvernement de l'avenir, et que son but éminent est de conquérir progressivement, par la liberté, l'égalité de plus en plus complète des conditions sociales : telle a été la formule suprême de mes convictions politiques. Comme citoyen, j'ai traversé de cruelles épreuves ; j'en ai souffert pour la patrie plus que pour moi-même. Elles n'ont ébranlé ni mes convictions ni mes espérances. »

Ces paroles ont été le dernier acte de foi de Victor Chauffour ; elles donnent la clef de son caractère ; elles montrent qu'aucun des désenchantements de sa vie n'a flétri les aspirations de sa jeunesse et que, malgré les périls et l'incertitude de l'avenir, il croyait toujours fermement que notre vieille société issue de l'esclavage antique, successivement affranchie par le Christianisme, par la Réforme, par la Révolution, est à l'un de ces tournants de l'histoire qui la rapprochent de plus en plus de la justice idéale dont elle a conscience.   X. Mossmann.

ANT. MEYER, PHOTOG. COLMAR.   DÉPOSÉ

Guillaume GUNZER

Guillaume GUNZERT

DIRECTEUR au tribunal de Strasbourg, dont il préside la chambre commerciale, conseiller d'Etat et député à la Délégation, où il vote avec le groupe autonomiste, est né à Wissembourg, le 27 mars 1834. Il se voua à l'étude du droit, obtint un premier prix de droit français et, se fit recevoir docteur en 1866. Avoué près du tribunal de Wissembourg lors de la suppression de ce siège, il accepta les fonctions de juge à Strasbourg et fut nommé directeur, en 1880 : il est aujourd'hui le dernier des magistrats alsaciens qui ont cru de leur devoir de partager le sort de leurs concitoyens et d'accepter de leur rendre justice sous le nouveau régime. Depuis 1879, il fait partie du conseil général de la Basse-Alsace, dont il est l'un des vice-présidents; en 1887, il a été nommé conseiller d'Etat et, en 1889, membre de la commission des hospices de Strasbourg. Pendant cette période de vingt années, son zèle et son activité se sont surtout portés sur les œuvres de charité et de bienfaisance. C'est lui qui a créé et organisé la Société de patronage des détenus libérés, dont il est le président honoraire et qui rend d'incontestables services.

Jurisconsulte éminent, M. Gunzert prend une part très large à toutes les discussions sur les importants projets de loi que le gouvernement soumet à la Délégation, depuis l'introduction des nouvelles lois judiciaires, et en a été souvent le rapporteur. Pour ne citer que les plus marquants, nous rappelons ses rapports sur la police de la chasse, sur l'expropriation forcée, sur les livres fonciers, sur la police rurale, sur la transmission de la propriété immobilière et sur les hypothèques, sur l'éducation des enfants abandonnés, etc. : il vise surtout à donner à la rédaction toute la clarté que la langue du droit comporte.

Très sobre dans ses réflexions sur les finances ou sur la politique que suit le gouvernement, il ne ménage pas ses critiques aux institutions qui lui paraissent défectueuses. Il ne cesse de dévoiler les imperfections de notre régime cadastral, surtout en ce qui concerne la conservation des documents cadastraux. M. Gunzert n'a laissé passer aucune occasion favorable sans demander au gouvernement les institutions dont nous sommes privés en Alsace-Lorraine depuis l'annexion : tels sont le tribunal des conflits et l'instance supérieure administrative en remplacement du conseil d'Etat jugeant en contentieux. Toutes ces questions ont occupé la Délégation pendant plusieurs sessions. Elles reviendront à l'ordre du jour au moment où le gouvernement de Berlin dotera enfin l'Alsace-Lorraine d'une constitution définitive.

PIERRE-PAUL LÆNGER

JÆNGER, Pierre-Paul

Est né à Sigolsheim, le 23 février 1803. Fils et petit-fils de médecins, il fut de bonne heure voué à l'étude de la médecine. Elève au collège de Thann, lors de la première invasion, il fut renvoyé dans sa famille avec ses camarades du bas pays. Pour éviter les mauvaises rencontres sur la grande route, la petite troupe prit le chemin de la montagne. Malgré ce détour, nos écoliers se trouvèrent tout d'un coup cernés par des soldats autrichiens, qui les menèrent devant leur commandant. L'officier prit plaisir à intimider nos jeunes Alsaciens et, pour bien établir qu'ils n'étaient pas des espions, l'un d'eux dut lui expliquer un passage du Virgile qu'il avait sur lui.

Ses études classiques terminées, le jeune Jænger fut envoyé à Strasbourg. Il était admirablement doué, et ses maîtres augurèrent beaucoup de ce nouveau disciple, tout en appréhendant la hardiesse qui l'entraînait souvent hors des sentiers battus de la Faculté. Pendant son internat, on consigna à l'hôpital une famille de forains infectée de variole. Depuis l'invention de Jenner, personne n'avait plus eu l'occasion d'observer cette maladie, et Jænger fut le plus ardent à l'étudier. Mais quoique vacciné, il prit la contagion. Ce fut un grand sujet d'étonnement pour ses professeurs, qui jusque-là n'avaient jamais douté de l'efficacité absolue du préservatif. Le cas donna lieu à une observation de Fodéré, qui a été publiée. En cette circonstance la vieille doctrine s'était trouvée à court, et cela confirma Jænger dans ses velléités d'émancipation. Il se rendit à Paris, où il termina ses études, en 1827, par une thèse sur *la Respiration dans la série des animaux*.

En revenant en Alsace, il s'établit d'abord à Rouffach. Deux ans après, il se fixa à Colmar. Il avait compris de bonne heure que les ressources de la vieille thérapeutique n'étaient pas suffisantes. Comme Hahnemann cependant, il ne pouvait croire « que la souveraine et paternelle bonté de Celui qu'aucun nom ne désigne d'une manière digne de lui, qui pourvoit largement aux besoins des animalcules imperceptibles, qui répand avec profusion la vie et le bien-être dans toute la création, eût fatalement voué sa plus chère créature aux tourments de la maladie ». Cette philosophie était selon le grand cœur du Dr Jænger, et il devint l'adepte de la doctrine qu'elle avait enfantée. Mais il n'était pas exclusif et, quand le diagnostic qui, chez lui, était incomparable, exigeait une action plus énergique, il savait emprunter à l'allopathie ses remèdes les plus héroïques. On pouvait contester son orthodoxie médicale, mais non ses succès au lit du malade. Il se fit une spécialité des maladies des femmes et, à la mort du Dr Morel, en 1842, il le remplaça comme professeur à l'école d'accouchement.

Si l'optimisme de Jænger le disposait à croire que la nature mieux connue fournirait au médecin le moyen de combattre plus efficacement la maladie, il l'amena aussi de bonne heure à chercher si une réforme du corps social ne le guérirait pas des maux qui l'affligent. Il se laissa séduire d'abord par les doctrines de Saint-Simon qui, avec une nouvelle hiérarchie, promettait une plus grande somme et une répartition plus équitable des produits. Il fut l'un des promoteurs des conférences que Jules Lechevalier fit à Strasbourg, du 25 août au 20 septembre 1831. Mais bientôt il se rallia à la théorie de l'association intégrale, dont, sans s'en douter, il avait fait, en 1828, un premier essai, en fondant, avec le Dr Mühlenbeck, une société de secours mutuels entre les médecins du Haut-Rhin, et il entraîna à sa suite la plupart des Saint-Simoniens de sa connaissance. Il estimait bien autrement large et compréhensive la conception que Ch. Fourier se faisait de l'univers : « Unité de système, économie de ressort, justice distributive, providence universelle ». Il devint le lien commun d'un groupe qui comptait dans son sein des savants, des magistrats, des industriels, et tels furent les progrès de cet enseignement que, lors des élections de 1839, Victor Considérant, le chef incontesté de l'école, crut un instant pouvoir, avec l'appui du gouvernement, poser sa candidature dans le Haut-Rhin contre M. Ph. de Golbéry.

Pour démontrer les vices de l'organisation sociale au point de vue de la production et de la répartition des richesses, Jænger publia, en janvier 1847, un *Mémoire sur le libre échange*, dans le Bulletin de la Société d'agriculture du Haut-Rhin. L'expérience acquise depuis rend ses critiques d'autant plus saisissantes.

Jusque-là ces questions n'avaient guère préoccupé que quelques esprits d'élite : la révolution de Février les mit à l'ordre du jour. L'école phalanstérienne, qui avait vainement assiégé les ministères pour en obtenir quelque appui, se rallia au nouveau régime. Cette fois Considérant obtint à Paris le mandat qu'il n'avait pas trouvé naguère dans le Haut-Rhin. Mais Jænger, qui avait eu l'ambition de siéger à côté de lui à la Constituante, ne fut pas élu. De sa candidature il ne reste que la profession de foi : *Le Principe social nouveau* (Colmar, in-8°) où, avec une grande hauteur de pensée, il proclame la nécessité de rompre avec le *chacun pour soi* et de fonder les futures réformes sur l'esprit de solidarité. Aux élections pour la Législative, il n'eut pas plus de succès, quoique honoré du suffrage de plus de 50,000 électeurs. A défaut du mandat politique, le canton de Winzenheim l'envoya siéger au conseil général.

Il était resté le centre d'un groupe de jeunes gens qui partageaient ses aspirations, et qui croyaient à la logique des faits, comme à celle des idées. Entre la proclamation de la république en France et l'intervention de cette même république dans les affaires italiennes, ils voyaient une telle contradiction, qu'ils n'hésitèrent pas, le 13 juin 1849, à joindre leur protestation à celle de leurs députés Ch. Cassal, Josué Hofer, Ch. Kœnig, Savoye. Le Dr Jænger accepta de diriger cette manifestation, que, même sous sa garantie, la réaction triomphante jugea subversive. Il fut poursuivi avec ses amis, pour excitation à la guerre civile, et traduit devant la cour d'assises de Besançon, qui répondit à l'accusation par un verdict unanime de non-culpabilité.

Le coup d'Etat acheva de détacher Jænger de la politique active. Quand les hommes de Décembre lui demandèrent de prêter serment à leur maître, il répondit : « L'honnête homme ne prête pas serment au parjure ; si l'individu qui vient de violer son serment, pouvait avoir une parole, ce serait à lui à me prêter serment, à moi son souverain ». Depuis lors il ne vécut plus que pour l'étude, pour ses malades, pour ses amis. Au premier rang se trouvait Ad. Hirn, qui n'hésitait pas à dire que la première élaboration de ses idées s'est toujours faite dans ses entretiens avec le Dr Jænger. Comme fruit de ses propres méditations, Jænger publia, en 1862, une *Etude sur la seconde vie*, à la suite du livre d'Hip. Renaud : *Destinée de l'homme dans les deux mondes* ; c'est, selon les doctrines de Fourier, la métaphysique du rôle de l'homme dans ses rapports avec sa planète et avec le Cosmos.

Il mourut, le 27 janvier 1867, victime du devoir. Malgré son refus de prêter serment, il était resté professeur à l'école d'accouchement. Comme au début de sa carrière, il y avait pris, sans s'en douter, le germe d'une affection qui porta un trouble profond à sa constitution, minée déjà par de nombreuses et douloureuses attaques de goutte. Jusqu'à la fin, il se montra supérieur, convaincu et résigné. Ses obsèques attirèrent un immense concours. Son caractère, aussi bien que ses services, lui méritait ces regrets.

X. MOSSMANN.

ANT. MEYER, PHOTOG. COLMAR DÉPOSÉ

LOUIS-CHARLES-AUGUSTE STEINHEIL

STEINHEIL
LOUIS-CHARLES-AUGUSTE

Est mort à Paris, le 16 mai 1885. Il était né à Strasbourg, le 26 juin 1814, dans une maison située sur le Broglie. Il eut trois frères et une sœur : Edouard, qui fut chimiste; Adolphe, chirurgien militaire, ancien préparateur de M. Chevreul à la manufacture des Gobelins, mort, à Carracas, de la fièvre jaune, au cours d'une mission donnée par le Jardin des Plantes dans l'Amérique du Sud; Jules, mort capitaine; la sœur épousa M. Meissonier, le peintre illustre. La famille Steinheil quitta Strasbourg vers 1816, alla demeurer à Ribauvillé pour venir, en 1820, s'établir définitivement à Paris. Les enfants reçurent l'instruction de leurs parents; bientôt la vocation de Steinheil se décida. Il entra dans l'atelier de Henri de Caisne, peintre d'histoire, d'origine belge, élève de Girodet-Trioson; plus tard Steinheil fréquenta l'atelier de David d'Angers qui eut aussi M. E. Hébert pour élève; ce n'est pas que ces jeunes peintres voulussent s'adonner à la sculpture, mais dans l'atelier du célèbre sculpteur ils trouvaient le modèle vivant et de salutaires conseils. En 1837, Steinheil se lia intimement avec Daubigny, Geoffroy Dechaume et Trimolet; ces artistes formèrent une association dont on ne trouve plus d'exemple de nos jours : ils vivaient et travaillaient ensemble, le gain faisait une bourse commune et chacun avait une année sur quatre pour se livrer à ses études particulières, sans aucun souci de l'existence matérielle.

Depuis cette époque et jusqu'à sa mort, Steinheil

produisit sans cesse; son œuvre est considérable. Il fit de l'illustration; c'est par milliers qu'on pourrait compter ses alphabets et ses dessins de botanique; il a illustré notamment les *Chansons populaires*, *Notre-Dame de Paris*, l'*Imitation de Jésus-Christ*. Sa peinture a figuré au Salon annuel presque chaque année, de 1836 à 1855; il eut une médaille de 3e classe en 1847, une de 2e en 1848 et fut décoré de la Légion d'honneur en 1860. Il exposa aussi dans la section d'architecture, où il obtint, en 1851, une médaille de 3e classe pour un *État de la Sainte-Chapelle*. Il traitait en peinture les sujets de genre et ceux tirés de l'Ancien et du Nouveau Testament. Cependant, sa spécialité s'affirme dans les modèles de vitraux et dans la grande peinture décorative.

Son premier vitrail est à l'église de Saint-Germain-l'Auxerrois; il représente les scènes de la Passion et date de 1838; il est signé *Steinheil* et *Rebouleau, chimiste*. On ne connaissait pas alors l'expression peintre-verrier qui prête à l'équivoque, puisque pour être fabricant de vitraux, il n'est pas indispensable d'être peintre et qu'il suffit de savoir employer des peintres, des verriers et des metteurs en plomb. Il ne nous est pas possible de donner la liste complète des restaurations, des restitutions et des travaux originaux que l'art de la peinture doit à Steinheil; son œuvre se trouve dans plus de soixante-dix localités différentes, parmi lesquelles on remarque : la Sainte-Chapelle du Palais de Justice et Notre-Dame de Paris; Bourges, Lyon, Reims, Caen, Laon, Nancy, Carcassonne, Toul, Limoges, Vitry-le-François, Bayonne, etc.; à Strasbourg, nous trouvons la cathédrale, la Toussaint et Saint-Charles. Ce n'est pas seulement pour les édifices religieux que Steinheil travailla : le musée de Colmar possède le carton d'un vitrail qui se trouve au Trocadéro; il représente un atelier de céramique, et Th. Deck avec son frère Xavier.

Plusieurs demeures particulières ont des verrières composées par le maître.

Les peintures décoratives de Steinheil sont également très importantes; il fit à Paris des restaurations à la Sainte-Chapelle, à Saint-Séverin, à Notre-Dame; il peignit en fresque le Jugement dernier dans la cathédrale de Strasbourg, et exécuta des décorations murales dans nombre d'églises et de chapelles. Dans la cathédrale de Limoges, il peignit six chapelles, et dans chacune dix-huit sujets à plusieurs personnages; à Bayonne, son dernier travail, il fit dans la cathédrale un Crucifiement plus grand que nature, trois retables, et cinquante à soixante personnages dans cinq chapelles. A Limoges comme à Bayonne, les vitraux sont également du maître.

Tous ces travaux ne suffisaient pas à son activité, il composa des modèles d'orfévrerie, de porcelaine, de faïence, de verrerie et de tapisserie. Il donna à la manufacture nationale des Gobelins, en 1849, quatre cartons, imitations libres d'après Lancret, le *Printemps*, l'*Automne*, l'*Hiver*, l'*Été*. Les deux premiers seuls furent mis en œuvre; ces tapisseries périrent en 1871 dans l'incendie allumé aux Gobelins par la Commune; en 1876, la manufacture exécuta en tapisserie la figure de sainte Agnès, que Steinheil avait peinte pour la cathédrale de Bayonne.

L'artiste dessina un grand nombre de pierres tombales et des dallages dans le genre des célèbres *graffiti* de la cathédrale de Sienne. Steinheil fit les dessins des nouvelles portes de la cathédrale de Strasbourg, pour l'exécution desquelles le conseil municipal avait voté, en 1839, une somme de 80,000 fr.; cet important ouvrage, dû à la collaboration de M. G. Klotz, le regretté architecte de la cathédrale, de Steinheil et de son gendre, M. Ad. Geoffroy, ne fut terminé qu'en 1878.

Toutes les compositions de Steinheil sont empreintes d'un sentiment personnel; le dessin est correct, la coloration solide, harmonieuse et franche; il n'admet pas le clair-obscur et procède par à-plats. Il repousse absolument l'allégorie, et ne veut pas que le sujet soit une énigme; il pense que chacun doit, à première vue, le comprendre; la décoration à son sens est un livre ouvert où le plus ignorant doit lire sans effort.

Ses travaux de peintre le menèrent forcément à des études archéologiques; les vitraux et la décoration murale de notre pays, à partir du xiie siècle, n'eurent plus de secrets pour lui. Steinheil personnifia la peinture sur verre et ses restaurations sont à ce point parfaites, qu'il n'est pas possible de les distinguer des parties anciennes; dans ses compositions originales, il ne remontait pas au-delà du style de la Renaissance. Sa profonde connaissance du métier, sa compétence absolue étaient reconnues de tous; il était membre de la commission des monuments historiques et de la commission des Gobelins, et fut souvent chargé de missions et d'expertises.

Sa vie était consacrée à ses travaux, à sa famille et à quelques amis; passionné pour son art, il dédaignait les plaisirs du monde; il vivait en sage et en homme de bien; il aimait son atelier et son jardin, où il laissait la nature régner en liberté; vénérable patriarche, il prodiguait ses conseils aux jeunes artistes; les déplacements convenaient à sa nature active, il parcourait Paris et la France sans jamais se fatiguer, et c'est au retour d'un voyage d'art qu'il a été mortellement frappé.

EDOUARD GERSPACH.

Ed. GROS-HARTMANN

GROS-HARTMANN

JEAN-EDOUARD

Est né à Wesserling, le 18 juillet 1819. Il est le quatrième fils de Jacques-Gabriel Gros, l'un des fondateurs de la maison actuelle de Wesserling.

En quittant la maison paternelle, il fut envoyé à Hofwyl, où il termina ses études sous la direction de Fellenberg. Ses frères aînés avaient trouvé leur voie tracée dans l'industrie : Jean-Edouard fut voué aux carrières libérales; il fit son droit à Paris où, après avoir conquis sa licence, il se fit inscrire au tableau des avocats de la Cour d'appel. Mais, en 1845, ayant épousé la fille de M. Henry Hartmann, l'un des chefs de la maison Hartmann & fils à Munster, il entra dans la maison de son beau-père comme collaborateur et associé. Remarquablement doué pour les affaires, il devint bientôt l'un des principaux facteurs du travail industriel de la maison.

Après la révolution de Février, lors de la formation de la garde nationale, il fut nommé chef du bataillon de Munster. En 1850, lors du passage à Colmar de Louis Bonaparte comme président de la République, il y conduisit son bataillon et fut complimenté par le futur empereur sur la bonne tenue de cette troupe d'élite.

En 1856, à Wesserling, une vacance amenée par le départ de M. Aimé Gros, qui avait été adjoint à M. Edmond Odier dans la gérance de la maison de Paris, décida les chefs de la maison à appeler cette jeune intelligence à eux. D'un commun accord, Edouard Gros quitta Munster pour Wesserling. Il fut bientôt un conseil éclairé et écouté dans sa nouvelle position, et il y acquit promptement une influence considérable.

Quand, en 1860, l'Empire orienta différemment la politique économique de la France, Edouard Gros fut activement mêlé au mouvement et aux négociations qui en furent la conséquence. Il fut nommé membre de la commission des traités de commerce, et il est l'auteur de la classification des filés et des tissus qui fut adoptée pour servir de base à l'application des droits.

Vers la même époque, il accepta les fonctions de suppléant du juge de paix à Saint-Amarin et celles de maire de Ranspach; il les conserva jusqu'en 1871. Pendant son administration, entre autres améliorations, il dota sa commune d'une salle d'asile.

La guerre de sécession en Amérique et la disette de coton qui en fut la conséquence, mirent à une rude épreuve l'industrie cotonnière, non seulement en France, mais dans l'Europe entière. Elle causa de nombreuses ruines industrielles et les positions les mieux assises en ressentirent les effets désastreux. Pour y parer il était nécessaire, dans la direction des affaires, de redoubler de vigueur, de clairvoyance, de décision et d'unité dans l'action. Sur la proposition d'Edouard Gros, la maison de Wesserling se transforma. A l'ancienne société en nom collectif, composée d'associés ayant le droit de gestion, succéda une société en commandite par actions, avec trois gérants responsables ayant seuls la direction des affaires. Il devint le gérant de la nouvelle société et s'adjoignit comme co-gérants MM. Eugène Roman et Philippe Marozeau.

Sous cette direction nouvelle, qui entra en fonctions dans le courant de l'année 1865, les affaires ne tardèrent pas à prendre un rapide essor. Dès le commencement, Edouard Gros mena à bien une réforme nécessaire, la suppression du tissage à bras, comprenant encore à ce moment environ 1200 métiers, en grande partie disséminés, dont 800 dans la seule commune de Krüth. Un tel travail ne pouvait procurer que des salaires insuffisants, et l'intérêt des patrons s'accordait avec celui des ouvriers pour le faire cesser. Le licenciement s'accomplit en quelques mois, avec tous les ménagements possibles, et un nouveau tissage mécanique, créé à Krüth, procura de l'occupation aux plus valides.

A l'Exposition de 1867, la maison de Wesserling maintint le rang qu'elle avait acquis et, à cette occasion, Edouard Gros fut nommé chevalier de la Légion d'honneur.

La guerre de 1870 et le traité de Francfort, qui arrachèrent l'Alsace et une partie de la Lorraine à la France et fermèrent son marché à leurs produits, portèrent un coup terrible à l'industrie alsacienne. En sortant des manufactures de l'Est, la majeure partie des tissus blancs consommés en France étaient blanchis à Wesserling. L'établissement d'une barrière douanière ne permettant plus de lui confier cette dernière façon, un groupe d'industriels vosgiens proposa à la maison de Wesserling de créer dans les Vosges une blanchisserie à l'instar de celle qu'elle exploitait en Alsace. De là naquit Thaon, qui fut fondé, pour tout ce qui concerne le blanchiment, sous le patronage et avec la collaboration de Wesserling; il y apporta ses procédés de fabrication, ses machines, ses contre-maîtres et ouvriers, ainsi que sa clientèle. En peu d'années, Thaon devint prospère et

MM. Gros, Roman, Marozeau & Cie n'eurent qu'à s'applaudir de la combinaison à laquelle ils s'étaient associés.

Lors de l'Exposition de 1878, il fut nommé président du comité d'admission du groupe IV, classes 56 et 57, qui comprenait les machines de filature et de tissage. Celle de 1889 valut une nouvelle distinction à la maison, et Edouard Gros, son chef, fut promu officier de la Légion d'honneur.

Depuis la mort de M. Eugène Roman et la retraite de M. Ph. Marozeau, Edouard Gros s'est adjoint, comme associés-gérants, ses deux neveux, MM. Jacques Rieder et Fernand Gros.

Edouard Gros porte allègrement ses 71 ans; il est encore dans la plénitude de ses forces, de son intelligence et de son activité; son ardeur au travail n'a diminué en rien et il promet d'être longtemps encore utile à ses amis, à ses concitoyens, à ses collaborateurs, à ses ouvriers, qui lui ont voué tout leur respect et toute leur affection.

Jacques PARMENTIER

PARMENTIER, Jacques

EST né, le 16 janvier 1838, à Günsbach, près de Münster. En dépit de son nom, c'est un pur Alsacien. Un de ses ancêtres, du val d'Orbey, se sera marié un jour en terre allemande et y aura fait souche. Ces unions sont fréquentes en Alsace et contribuent certainement à affiner les enfants qui en naissent. Son père n'en avait pas moins de dix, dont Jacques était le cinquième. Quand il fit sa première communion, il savait lire l'allemand et réciter le catéchisme : c'était tout ce que le magister du village, qui n'était pas breveté et ne savait pas le français, avait pu lui enseigner. Il fallut l'envoyer, pendant deux ans, à l'école de Münster, dirigée alors par l'instituteur Frœhly, pour ajouter quelque chose à ce rudiment de savoir. En 1853, il fut en état d'entrer à l'école normale de Colmar, d'où il sortit, en 1856, avec le brevet supérieur. Pour ses débuts, on l'envoya, comme aide-instituteur, à Sainte-Croix-en-Plaine; mais c'était un simple stage et, l'année même de sa sortie, il fut rappelé à l'école normale comme maître-adjoint.

Nommé régent au collège de Thann, en 1858, il s'y montra rompu aux meilleures méthodes pédagogiques. Ce fut là qu'il remporta son premier succès. Le recteur, M. Delcasso, avait proposé cette question : « Quelle serait la meilleure méthode à suivre dans les écoles d'Alsace pour l'enseignement pratique des éléments de la grammaire française ? » Parmentier concourut, et son mémoire lui valut une mise à l'ordre du jour.

Il était un de ces hommes qu'un instinct secret pousse en avant. Pendant qu'il était encore à Sainte-Croix, l'ancien professeur de philosophie du collège de Colmar, l'abbé Holzwarth, s'était intéressé à lui et lui avait donné, chaque semaine, une leçon de latin. A Thann, Parmentier eut l'idée de continuer ces études, qui pouvaient le mener à l'enseignement supérieur. Deux de ses nouveaux collègues lui vinrent en aide, M. Ruhlmann pour les lettres, M. Klein pour les sciences. En 1861, il fut reçu bachelier ès-sciences, en 1863, bachelier ès-lettres. Deux ans après, l'ex-instituteur était chargé de cours au lycée de Strasbourg.

Quo non ascendam? dut-il se dire après ce nouvel avancement. Un professeur de la Faculté des lettres, M. Campaux, prépara spécialement Parmentier à la licence : il l'obtint en 1867. Il pouvait dès lors faire choix d'une spécialité ; son goût le portait vers l'histoire ; il s'y prépara en suivant les cours d'un maître incomparable, Fustel de Coulanges.

La guerre faillit briser cette carrière si bien commencée. Pendant le siège de Strasbourg, Parmentier s'enrôla dans la garde nationale : c'était tout ce qu'il pouvait faire pour sauver sa patrie de l'étranger. Après la paix, il fut envoyé au lycée de Tournon comme chargé du cours d'histoire. Il était alors en état de voler de ses propres ailes et, en 1874, il se fit recevoir agrégé et conquit en même temps la chaire d'histoire au lycée de Grenoble. Dans ce nouveau poste, il prépara son doctorat ès-lettres, qu'il passa à Paris, en 1878. Sa thèse française avait pour titre : *Étude sur un supplément inédit des Mémoires de Richelieu;* la latine : *De Patris Josephi publica vita* (Paris, 1878, in-8°).

Entre-temps, Parmentier s'était mis à l'étude de l'anglais. Déjà en 1874, il avait fourni l'article

France à la *New-York Encyclopedia*. Pour mieux se rompre à la pratique de la langue, il fit, en 1880, un séjour en Angleterre. A son retour, il obtint d'emblée la chaire de littérature étrangère à la Faculté des lettres de Poitiers.

A l'activité de cet esprit, l'enseignement ne suffit pas. Parmentier est un collaborateur assidu du Bulletin mensuel de la Faculté des lettres de Poitiers, de la Revue de l'enseignement des langues vivantes, de la Revue de l'enseignement secondaire et de l'enseignement supérieur, de la Revue internationale d'enseignement, où il donne des articles de critique littéraire, de bibliographie, de pédagogie, de littérature comparée. En 1889, il a publié dans la Revue bleue : *Fustel de Coulanges à Strasbourg*. On a de lui en outre : *La Dramaturgie de Hambourg* (Poitiers, 1883, in-8°); *Le Henno de Reuchlin et la Farce de Maistre Pierre Pathelin* (Paris, 1884, in-8°); *A Short History of the English Language and Literature for the Use of French Students* (Paris, 1887, in-8°); *Le Thème de langues vivantes au baccalauréat ès-lettres, petite comédie en un acte* (Poitiers, 1888, in-8°); *Dialogue sur l'éducation anglaise en France entre Francisque Bouillier, Paschal Grousset et Pierre de Coubertin* (Paris, 1889, in-8°). En 1890 enfin, Parmentier prit part au concours Bischoffsheim et obtint une médaille en vermeil pour un mémoire sur les jeux et les exercices physiques dans les écoles normales et les écoles primaires.

Telle est la carrière de cet Alsacien, dont les débuts ont été si modestes. Cependant on ne le connaîtrait qu'à moitié — qu'il me pardonne mon indiscrétion — si je ne le montrais dans l'accomplissement de ses devoirs de famille. Il était encore à Thann, quand il perdit ses parents. Il restait à pourvoir à l'éducation de trois enfants, deux filles et un garçon de onze ans. Il prit avec lui l'aînée des sœurs, pour lui aider à élever leur jeune frère. Tous deux le suivirent d'étape en étape jusqu'à Grenoble, où ce dernier fut reçu à l'école normale supérieure : il est aujourd'hui professeur de chimie à la Faculté des sciences de Clermont-Ferrand et gendre de M. Troost, membre de l'Institut et professeur à la Sorbonne. Quand il n'eut plus besoin de sa sœur, l'aîné lui abandonna, pour s'établir, leurs communes économies. Lui-même ne songea à se marier que quand personne n'eut plus besoin de lui. En 1883, il épousa une Alsacienne, qu'il avait appris à connaître depuis la guerre, pendant des vacances à Thann. Sans ces dessous de sa belle existence, on ne saurait pas tout ce que vaut ce vaillant esprit et ce grand cœur.

X. Mossmann.

Charles-Henri SCHLATTENMANN

SCHATTENMANN

CHARLES-HENRI

Manufacturier, chimiste et agronome, est né, le 30 décembre 1785, à Landau, alors que l'Alsace comprenait une partie du Palatinat jusqu'à la Queich. En 1803, il entra dans une maison de banque, à Strasbourg, où il trouva moyen de compléter son instruction générale. De 1817 à 1819, le commerce de Strasbourg le chargea de différentes missions près du gouvernement, pour défendre ses intérêts dans des questions de transit, de culture et de monopole du tabac. Sa capacité hautement reconnue le fit appeler, en 1828, à la direction des mines de Bouxwiller, que l'exploitation d'un gisement de lignite pyriteux avait amenées à fabriquer des produits chimiques : l'établissement dut sa prospérité à son esprit d'organisation, à l'étendue de ses connaissances, à son entente des affaires. En 1837, à l'occasion de la construction des premiers chemins de fer, il adressa une pétition aux chambres pour protester contre leur concession, pendant trente ans, à des compagnies financières, et pour demander de fixer à cinq ans la révision périodique des tarifs, de limiter à 10 % le bénéfice maximum des actionnaires et de réserver en tout temps au gouvernement la faculté de rachat. Cette pétition fut suivie, en 1838, de deux mémoires, l'un sur la conversion des rentes 5 %, l'autre sur les chemins de fer et les canaux.

Schattenmann ne séparait pas l'agriculture de l'industrie. A trois kilomètres de Bouxwiller, il avait créé un vaste domaine, le Thiergarten. Le sol en était très ingrat : il l'amenda par ses engrais. En 1842, à la suite d'une lettre au chimiste Dumas, l'Académie des sciences lui reconnut la priorité de la découverte de l'action de l'ammoniaque sur la végétation. En convertissant le carbonate d'ammoniaque en sulfate, il en prévenait la volatisation : ce fut son engrais de préférence pour la production du blé. Pour les prairies, c'étaient les sels de potasse, résidus de la fabrication du prussiate. Dans le même ordre de recherches, il faut citer un *Mémoire pour la construction des fosses à fumier* (Strasbourg, 1847, in-8°) et une notice sur la désinfection des matières fécales par le sulfate de fer.

Ce fut Schattenmann qui introduisit en France, en le perfectionnant, l'usage du rouleau compresseur. Il publia sur son emploi un mémoire (Strasbourg, 1842, in-8°) dont il fit hommage au Congrès scientifique de France réuni, cette année, à Strasbourg. Dans la quatrième section, il prit part à la discussion d'une question où quelques disciples de Ch. Fourier, Arm. Hennequin, Ed. de Pompery, V. Considérant, trouvèrent occasion de développer leurs théories : « Par quels moyens peut-on faire cesser l'isolement dans lequel se trouvent aujourd'hui les ouvriers, les attacher aux grands établissements industriels, comme le propriétaire est attaché au sol, et contribuer à leur amélioration sociale ». Cette question contenait en germe bien des problèmes qui se sont posés depuis, Schattenmann proposa de créer des caisses de secours, au moyen de retenues sur le salaire des ouvriers et de prélèvements sur les bénéfices des patrons. Mais en même temps il se prononça contre le système prohibitif qui restreignait les échanges, et qui empêchait d'assurer aux ouvriers un travail constant.

Ces discussions étaient des signes du temps et comme les avant-coureurs de l'explosion de 1848. Loin de s'en effrayer, Schattenmann chercha à faire tourner le mouvement au profit de ses idées, et, pour commencer, il se mit à la tête d'un comité dont le but était de rendre aux laïques, dans la communauté protestante, la prépondérance que la loi de germinal an X avait attribuée à l'élément ecclésiastique.

Le coup d'état mit bon ordre au souffle libéral issu de la révolution de février. Les aspirations idéales firent place aux intérêts matériels, et les grands travaux publics passèrent en première ligne. Schattenmann poussa avec ardeur à la création du canal de la Sarre, qui devait fournir l'Alsace de houille à bon marché, et fit personnellement de grands sacrifices pour obtenir la construction du chemin de fer d'intérêt local de Steinbourg à Bouxwiller.

La viticulture lui doit non moins de progrès que l'agriculture. A Bouxwiller et à Rhodt (Bavière rhénane) il créa des vignobles où il appliqua de nouvelles méthodes plus rationnelles. Il rendit compte des résultats qu'il obtenait, dans un *Mémoire sur la culture de la vigne dans le Haut et le Bas-Rhin et dans la Bavière rhénane* (Strasbourg, 1863 et 1864, in-8°). Ce fut à cette époque qu'il reçut la visite du Dr Jules Guyot, le viticulteur bien connu. Schattenmann avait alors 78 ans : le Dr Guyot dit de lui qu'il avait encore toute l'activité physique, toute la vivacité d'esprit et toute la force de volonté de l'âge mûr. Ces dons étaient relevés par une rare expérience des hommes et des choses, qui ne faisait tort ni à sa bienveillance, ni à ses bonnes œuvres. Ce qui frappa encore le Dr Guyot, c'est que, tout en pratiquant la grande culture, Schattenmann était l'ennemi de la grande propriété : il estimait que la terre devait appartenir à ceux qui la cultivent, et que ce serait la plus grande force, la plus grande richesse et la plus grande moralisation des nations civilisées.

Bouxwiller est redevable à Schattenmann d'une salle d'asile fondée en 1842, de la gratuité de l'enseignement primaire, en 1848, d'une école supérieure de filles et d'une école supérieure de garçons annexée au collège : il portait un vif intérêt à cet établissement, dont il a assuré l'avenir par un legs considérable.

Nommé chevalier de la Légion d'honneur encore avant 1848, il fut promu officier, en 1863, pour les grands services qu'il avait rendus à l'agriculture. Lors du concours régional de Strasbourg, en 1866, le jury lui décerna la prime d'honneur et, en 1867, il obtint une médaille d'or à l'exposition universelle de Paris pour ses produits chimiques. Depuis 1838, il représentait son canton au conseil général du Bas-Rhin, et il était membre du conseil général d'agriculture. Il est mort à Bouxwiller, le 14 mai 1869.

X. MOSSMANN.

SOURCES : P. Ristelhuber, *Bibliographie alsacienne*, 1869, pp. 72-74. — Ch. Stœhling, *Histoire contemporaine de Strasbourg et de l'Alsace*, T. II, pp. 213-14. T. 1er *passim*.

Daniel SPECKLIN

SPECKLIN, Daniel

Graveur sur bois, ingénieur, architecte et chroniqueur, naquit en 1536, à Strasbourg, où sa famille était établie dès le xve siècle; on ne peut indiquer avec certitude le nom de ses parents. Sorti de la petite bourgeoisie, le jeune Daniel fit son apprentissage comme brodeur d'étoffes dans sa ville natale, en même temps que celui de graveur sur bois. Ayant terminé ses études professionnelles en 1552, il partit, selon la coutume d'alors, comme compagnon de métier et fit son tour d'Europe, sans que nous puissions toujours suivre ses traces. En 1560, on le rencontre à Anvers; puis il parcourt l'Europe septentrionale, traverse la Pologne, la Hongrie et reparait, en 1561, à Vienne, où il semble avoir déjà séjourné une première fois, vers 1555. C'est dans la capitale des Habsbourg que son avenir se décide d'une façon inattendue. L'ingénieur impérial Hermann Schallantzer, ayant eu l'occasion d'apprécier son talent comme dessinateur, le prend à son service et le forme au double métier d'ingénieur et d'architecte, qu'il n'a vraisemblablement pas exercé plus tôt. En 1564, Specklin revient à Strasbourg et à sa première profession de brodeur sur étoffes, tout en s'exerçant à dresser des plans, ce que le magistrat, trop soupçonneux, lui défend. Aussi ne reste-t-il pas longtemps dans sa ville natale, et reprend-il sa vie vagabonde. En 1567, il séjourne à Dusseldorf, puis à Ratisbonne; le célèbre Lazare de Schwendi s'y intéresse à lui et l'emploie à des fortification. Il finit par revenir encore une fois à Vienne, où l'ingénieur Carlo Tetti lui donne également de l'occupation dans différentes forteresses hongroises, mises en défense contre les Turcs, et où nous le voyons attaché pendant quelque temps au Musée militaire (*Rüstkammer*) de l'empereur Maximilien II.

Bientôt cependant Specklin retourne en Alsace, en quête d'une situation nouvelle. Bailli du baron de Fleckenstein, en 1572, il quitte cet emploi pour dresser, au cours des années suivantes, la carte bien connue de notre province, qui fait honneur à son talent de topographe et conserve encore aujourd'hui une valeur historique considérable. Après avoir été appelé, en 1576, à diriger le tracé des fortifications d'Ingolstadt, il allait être engagé par la ville libre impériale d'Ulm, quand le magistrat de Strasbourg, appréciant un peu tard les capacités techniques d'un concitoyen peu favorisé jusqu'à ce jour, lui offre à son tour une position durable comme architecte de la ville (*Stattbaumeister*), fonctions spécialement créées pour lui. Specklin entra en fonctions, le 5 octobre 1577, et se montra digne de la confiance des conseils. Il a contribué notamment à établir et à rectifier les fortifications de la ville, autant du moins que le permettaient les fonds mis à sa disposition. Vauban n'a eu qu'à régulariser un peu les vieux bastions de Specklin, pour établir l'enceinte, aujourd'hui disparue, qui portait son nom. Quant à la part prise par notre chroniqueur à la construction de certains édifices publics, érigés de son temps, l'Hôtel-de-Ville (l'Hôtel du Commerce actuel) et les Anciennes Boucheries (actuellement Musée des arts industriels), elle était regardée comme hors de contestation jusque dans ces derniers temps, et c'est avant tout à Specklin qu'une tradition constante faisait remonter les plans et l'exécution de la belle *Pfalz* de la place Gutenberg. Un architecte de Breslau, M. de Czihak, a tout récemment produit divers arguments pour revendiquer en faveur d'autrui l'honneur de ce beau spécimen de la Renaissance allemande ; mais toute décision nous semble prématurée en l'état de la question.

En dehors des travaux faits pour le compte de la ville, Specklin était mis largement à contribution par les princes et les petits dynastes voisins, qui avaient des châteaux à édifier ou des remparts à bâtir. MM. de Strasbourg finirent par se lasser de ses demandes de congé continuelles, qu'ils n'osaient pourtant refuser, et la situation de l'ingénieur municipal s'en ressentit. Plus d'une fois on agita dans les conseils la question de le renvoyer ou de rogner au moins son traitement, en même temps que, par économie, on laissait ses talents sans emploi. C'est même grâce à ces loisirs forcés que Specklin a pu mener à bonne fin son grand ouvrage d'architecture militaire (*Architectura von Vestungen*, Strasbourg, 1589, fol.), fort apprécié dès son apparition et réimprimé plusieurs fois depuis. C'est aussi dans ces moments d'inaction qu'il a réuni sans doute les matériaux de ses *Collectanées*, sans pouvoir les mettre en ordre avant sa mort, survenue vers la fin de l'automne 1586.

Ce sont les *Collectanées* de Specklin qui ont le plus contribué, après l'Hôtel-de-Ville, à conserver son souvenir parmi ses compatriotes. Ayant colligé de longue date une masse de notices sur les édifices religieux et civils, publics et privés de l'Alsace, probablement à partir de l'époque où il avait dressé sa grande carte de la province, il avait préparé peu à peu comme le canevas d'une chronique topographique (si je puis m'exprimer ainsi) des contrées rhénanes. Comme il pensait avoir fait une œuvre méritoire, il s'adressa, en septembre 1587 au magistrat, pour le prier de désigner des commissaires qui examineraient son manuscrit et autoriseraient éventuellement sa mise sous presse. Une commission fut nommée en effet et présenta son rapport au Conseil des XIII, quelques jours plus tard. Elle déclara que la compilation du bon Specklin était « un *farrago* de vieilles histoires », peu dangereuse pour l'Etat, qui pourrait être soumise à un correcteur intelligent, puis livrée, après nouvel examen, à la publicité. Mais ni la correction, ni l'impression n'eurent lieu. Specklin mourut avant d'avoir rien pu faire en ce sens et ses deux gros volumes in-folio d'environ 1500 pages, passèrent à son beau-frère, Lazare Zetzner, qui les vendit, en 1615, pour trente florins à Osée Schad, pasteur à Strasbourg, continuateur de Sleidan et connu surtout par son *Münsterbüchlein*. Des mains de Schad le manuscrit passa aux archives de la ville, puis plus tard à la bibliothèque municipale et périt avec elle dans la nuit du 24 août 1870. Heureusement que beaucoup d'érudits strasbourgeois en avaient fait de nombreux extraits, Wencker et Silbermann au dernier siècle, Rœhrich, Piton, Strobel, Schnéegans et surtout Jung, de nos jours. Grâce à eux, il nous a été possible, aux prix de longues et pénibles recherches, de réunir plus du tiers du texte original aujourd'hui détruit, en un volume, paru d'abord dans le *Bulletin des Monuments historiques*, puis en tirage à part (*les Collectanées de Daniel Specklin, chronique strasbourgeoise du seizième siècle, fragments recueillis par Rodolphe Reuss*. Strasbourg, Noiriel, 1890, in-8°).

Rod. Reuss.

SOURCES : Poème nécrologique de Joseph Lang, en tête de la seconde édition de l'*Architectura von Vestnngen*, Strasb. 1599. — L. Schnéegans, *Daniel Specklin* (*Elsässische Neujahrsblätter*, Bâle, 1847). — Richard Schadow, *Daniel Specklin, sein Leben und seine Thätigkeit als Baumeister*, (*Jahrbuch des Vogesen-Club's*, 1886. — Rud. Reuss, *Analecta Speckliniana*, (Ibid.). — *Les Collectanées de Daniel Specklin*, par Rod. Reuss, Strasb, 1890, *Introduction*.)

ANT. MEYER, PHOTOG. COLMAR   DÉPOSÉ

Mgr COLMAR, Joseph-Louis

Monseigneur COLMAR
ÉVÊQUE DE MAYENCE
1760—1818

Joseph-Louis Colmar naquit à Strasbourg le 22 juin 1760, d'une famille honorable. Son père, professeur de langues, doit avoir été l'un des maîtres de Napoléon Bonaparte. Le jeune Louis fit ses études littéraires au collège royal, ses études théologiques au grand-séminaire de Strasbourg, tous deux dirigés alors par les Jean-Jean, les Louis, les Mosser, qui avaient pris la succession des Jésuites. Ordonné prêtre en 1784, il fut placé comme professeur au collège royal, où il releva le niveau des études philologiques et eut le mérite de faire introduire dans le plan d'études, l'enseignement de l'histoire nationale. Mais ses fonctions de professeur ne l'absorbèrent pas tout entier : il se chargea encore de remplir gratuitement celles de vicaire à la paroisse de Saint-Etienne et se dévoua à l'évangélisation des régiments allemands au service de la France, qui étaient en garnison à Strasbourg. La Révolution vint ouvrir à son zèle un champ d'action plus vaste encore. Après avoir refusé de prêter le serment constitutionnel, il passa dix ans à donner au péril de sa vie, les secours religieux aux catholiques fidèles de Strasbourg, déployant une audace qui fut égalée seulement par la grandeur des périls dont il était sans cesse entouré, et par la merveilleuse et quasi-visible protection dont la Providence se plût à le couvrir.

Lorsqu'en 1800, le Premier consul permit aux catholiques de rouvrir leurs églises, l'abbé Colmar se mit à l'œuvre pour relever de ses ruines le catholicisme à Strasbourg. Il se dévoua au ministère pastoral, se chargea des fonctions d'aumônier à l'hôpital militaire, fonda une école et une bibliothèque pour la jeunesse catholique et travailla à introduire à l'hôpital civil les sœurs de Saint-Vincent-de-Paul. Pour cela il dut faire le voyage de Paris, où il fit la connaissance du ministre Portalis et de Mgr d'Astros. Justes appréciateurs de son mérite, ces messieurs essayèrent de le faire nommer à l'évêché de Strasbourg, dont les habitants catholiques l'avaient d'ailleurs demandé. Malheureusement le choix du Premier consul tomba sur un ancien évêque constitutionnel, Mgr Saurine, et l'abbé Colmar dut s'interposer pour que le nouvel évêque fût accueilli à peu près convenablement par les catholiques indignés. Mais la situation de Mgr Saurine n'était pas tenable en présence de l'abbé Colmar et de son ami et collaborateur l'abbé Liebermann, comme lui confesseur de la foi. Celui-ci fut renvoyé dans son ancienne paroisse d'Ernolsheim, et il était question de déporter l'abbé Colmar dans quelque paroisse située à l'extrémité du diocèse. Portalis para le coup en le faisant nommer à l'évêché de Mayence. Le nouvel évêque quitta, le cœur brisé, son vieux père âgé de 84 ans et la fidèle jeunesse strasbourgeoise dont il était l'idole, et se rendit à Mayence à la fin de 1802. Il n'y trouva que des ruines : la cathédrale, à moitié éventrée par les bombes, servait de grenier à foin et, dans le diocèse, tout le reste était à l'avenant. Avec l'aide de l'abbé Humann, son parent et l'un de ses successeurs, il suffit à tout : le diocèse fut réorganisé, des écoles furent fondées, l'abbé Liebermann, que Mgr Colmar était parvenu à tirer de Sainte-

Pélagie où il avait été enfermé comme conspirateur, vint à Mayence établir son séminaire, d'où sont sortis des hommes tels que NN. SS. Weiss, évêque de Spire, Geissel, archevêque de Cologne, Ræss, évêque de Strasbourg, l'abbé Mühe, le populaire apôtre de Strasbourg, et cent autres qui ont réveillé la vie catholique en Allemagne. Bientôt s'élevèrent de tous côtés des hôpitaux, des asiles pour toutes les misères; beaucoup de paroisses durent au crédit dont Mgr Colmar jouissait auprès de Napoléon, la restitution de leurs biens confisqués; les Sœurs de charité furent établies dans le diocèse, ainsi que celles de la Providence, spécialement vouées à l'éducation de la jeunesse catholique.

En 1813, après la bataille de Leipzig, Mayence vit arriver dans ses murs les débris de la grande armée, et bientôt le typhus y fit plus de 30,000 victimes. La population était atterrée : Mgr Colmar à la tête de ses prêtres et de ses séminaristes se dévoua au soulagement des malades; lui-même fut atteint de la contagion; mais l'exemple avait porté, et le moral des Mayençais était relevé, tous rivalisaient de zèle et de dévouement.

Après la chute de l'empire, Mgr Colmar vécut encore quelques années; mais sa santé altérée depuis 1813, ne résista pas aux fatigues du ministère épiscopal : le 15 décembre 1818, il mourut en bénissant son diocèse, regretté de tous, et proclamé par le gouvernement hessois « le fidèle père des pauvres et des malheureux ».

L. D.

MUSCULUS, Frédéric-Alphonse

MUSCULUS, Frédéric-Alphonse

Naquit à Soultz-sous-Forêts, le 16 juillet 1829. Il appartenait à une de ces vieilles familles bourgeoises, que la facilité actuelle des déplacements tend à faire disparaître et qui constituaient, dans les petits chefs-lieux de canton, un précieux capital de traditions et d'intelligence. Trois générations de ce nom ont successivement dirigé la pharmacie Musculus, et les jeunes gens, qui se destinaient à la carrière pharmaceutique, tenaient à honneur d'y faire leur apprentissage. Elevé à cette école, le jeune Frédéric s'était formé le jugement, tout en apprenant à travailler avec adresse; mais le goût ne lui vint pas de servir la clientèle derrière un comptoir, et son père, encore jeune, consentit sans peine à lui laisser faire des études de pharmacie militaire, qu'il acheva brillamment au Val-de-Grâce, en 1855. L'année suivante, il fut envoyé à Constantine, comme pharmacien aide-major de 2e classe, et quitta l'Algérie en 1857. En 1859, il prit part à la campagne d'Italie, où il gagna le grade d'aide-major de 1re classe. Après une nouvelle série de changements de garnisons en Corse et en France, il fut nommé pharmacien-major de 2e classe en 1866. Etant à Vincennes, il fréquentait le laboratoire de M. Boussingault, qui disait de lui que s'il pouvait travailler d'une façon plus suivie, il ferait une carrière scientifique considérable. Dans cette période de son existence, il inventa un alcoolomètre fondé sur la capillarité et commença ses expériences sur l'amidon.

Musculus fut envoyé de nouveau en Algérie; mais cette fois il supporta mal le climat et, malgré sa bonne constitution et les soins hygiéniques qu'il pouvait se donner, il aborda dans de mauvaises conditions l'année terrible de 1870. Il arriva en

Alsace avec l'armée de Mac-Mahon, juste à temps pour prendre la direction de l'ambulance de la 4ᵉ division, après la bataille de Frœschwiller. De là il fut dirigé sur l'armée qui allait se faire enfermer à Sedan ; puis, après diverses allées et venues, il fut attaché à l'armée de Chanzy ; au Mans, le 14 décembre 1870, il fut chef de l'ambulance de la 1ʳᵉ division. Le 15 mars 1871, il obtint un congé de convalescence, et rentra dans sa famille. Le 3 juin, il fut décoré pour services rendus pendant la guerre. Fatigué des pérégrinations que lui imposait son métier, il donna sa démission à la mort de son père et prit sa succession en 1872. La patrie alsacienne, où il trouvait un repos longtemps souhaité, lui donna le bonheur par l'union qu'il contracta avec une compagne digne de lui. Il avait repris ses expériences, autant que ses occupations le lui permettaient, quand il fut nommé pharmacien en chef de l'hôpital de Strasbourg. Pour remplacer l'homme qui avait dirigé la pharmacie de l'hôpital pendant de longues années, avec autant de conscience que de talent, on avait cherché un chimiste habile et Musculus se trouvait naturellement désigné. Sous son impulsion, cette officine devint un petit centre scientifique et, dès 1874, il publia son premier mémoire sur la décomposition de l'urée, intitulé modestement *papier réactif de l'urée*. Pour comprendre l'importance de ce travail, il faut se rappeler que la doctrine des diastases, que Liebig avait soutenue sans aucune preuve, et M. Béchamp avec des preuves insuffisantes, était battue en brèche par M. Pasteur, qui avait prouvé d'une façon irréfutable que la plupart des fermentations étaient dues à une action vitale du ferment. Les expériences de M. Pasteur étaient tellement nombreuses et convaincantes que, dans l'esprit des chimistes, l'action des diastases paraissait rejetée au second plan, et il fallait à cette époque de l'audace et du coup d'œil pour démêler un cas où le microbe sécrète d'abord une substance non vivante ayant le pouvoir de produire une action chimique. Telle était la matière que Musculus avait fixée sur le papier pour en faire un réactif de l'urée, et qui venait s'ajouter aux rares exemples alors connus, savoir la diastase de l'orge et l'invertine de la levure. Ce qui prouve l'importance de la découverte, c'est que M. Pasteur la fit contrôler immédiatement, et il est certain que l'expérience de Musculus attira l'attention sur ce mode d'action des microbes, rare chez les véritables ferments, mais fréquent chez les microbes des maladies, et elle contribua à une évolution dans la doctrine microbienne. Un autre travail sur l'urine, en collaboration avec M. de Mering, fut publié en 1875. Il s'agissait du mode d'élimination du chloral ingéré dans l'organisme. Jusqu'alors on avait admis que tout le chloral se transformait en chloroforme, dont on avait signalé des traces dans le sang. Les deux chimistes démontrèrent qu'une grande partie du chloral se retrouve dans l'urée à l'état d'une combinaison glucosée (acide urochloralique). Le résultat de cette recherche pénible est doublement précieux; car non seulement il modifia les idées sur l'action du chloral, mais il provoqua de la part de Mering et de plusieurs autres savants une série de travaux sur l'élimination de substances organiques ingérées, qui toutes s'éliminent à l'état de combinaisons copulées. De son côté Musculus menait à bien ses recherches sur l'amidon soluble et la saccharification de l'amidon par les acides et la diastase. Il étudia soit seul, soit avec différents collaborateurs, les transformations de l'amidon par la salive, la diastase, le ferment pancréatique, etc. Les travaux sur l'amidon l'avaient amené à s'intéresser particulièrement à la fabrication de la bière, qu'il étudiait chez Gruber, le fondateur de la brasserie de Kœnigshofen; ce dernier avait même collaboré avec lui sur ce sujet. Musculus fut le conseiller de la brasserie de Gruber et, à la mort de celui-ci, il contribua à maintenir la tradition de cette maison. Musculus disait avec justesse que la raison d'être de la brasserie, c'était précisément le type de bière nouveau créé par Gruber, type qui s'était définitivement frayé sa voie. D'autres travaux d'une importance moindre et des expertises absorbaient son temps, mais ne suffisaient pas à son activité intellectuelle, qui s'étendait aux questions philosophiques et scientifiques les plus variées. Il faut se rappeler que, pour exécuter ces travaux il ne disposait que du temps laissé libre par ses fonctions de pharmacien des hospices, d'inspecteur des pharmacies, d'examinateur des pharmaciens à l'Université de Strasbourg, de président de la Société des sciences, agriculture et arts de la Basse-Alsace, et de membre du conseil d'hygiène de la ville de Strasbourg.

Peu à peu néanmoins on vit son activité diminuer; une vie trop sédentaire succédant aux fatigues de la vie militaire avait préparé le terrain à la cruelle maladie qui devait l'enlever. L'amour de ses enfants, le dévouement de sa femme, la touchante affection de ses amis et le respect du public furent la consolation de ces tristes jours. Il mourut, le 26 mai 1888, après avoir, à son tour, illustré le poste de pharmacien de l'hôpital civil. L'Alsace perdait en lui un des rares hommes qui lui sont restés fidèles; certain qu'il était d'arriver dans sa carrière militaire à un grade considérable, il avait préféré occuper dans sa province une position plus modeste. C'était sa manière de comprendre le patriotisme; l'avenir, peut-être, montrera qu'il avait pris le meilleur parti.

J.-A. LE BEL.

Photographie d'après un cliché de S. Gerschel aîné à Strasbourg.

Jean SCHILTER

SCHILTER, Jean

CÉLÈBRE jurisconsulte et historiographe strasbourgeois, naquit au milieu des horreurs de la guerre de Trente Ans, le 29 août 1632, à Pegau-sur-l'Elster, petite ville de Misnie, où son père, Marc Schilter, était commerçant notable. Orphelin du côté paternel, l'année même de sa naissance, Schilter perdit sa mère neuf ans plus tard. Il fut élevé par les soins d'un oncle, tant à Leipzig qu'à Naumbourg, et commença ses études académiques à Iéna, en 1651. Il soutint, deux ans plus tard, une première thèse sur le *syllogisme*, puis alla continuer ses études à l'Université de Leipzig et y prit le grade de docteur en philosophie. Mais des raisons de famille, et sans doute aussi l'espoir d'une fortune plus rapide, le décidèrent à embrasser la carrière juridique. Le siècle qui suivit les traités de Westphalie fut l'âge d'or des jurisconsultes allemands, et nulle profession n'était plus lucrative et plus honorée. De plus, Schilter avait à la faculté de droit de Iéna, un oncle, alors fort célèbre, le professeur Jean Strauch, dont le patronage lui était assuré. Ce fut donc à l'université thuringienne qu'il revint pour y recommencer de nouvelles études, achevées promptement, grâce à ses aptitudes hors ligne. Après s'être exercé quelque temps à la pratique à Naumbourg, il fut nommé secrétaire du duc Maurice de Saxe, administrateur de l'évêché sécularisé de Naumbourg, et résida d'abord dans cette ville, puis dans celle de Zeitz. Cinq ans plus tard, il devenait bailli de Suhl, dans le comté de Henneberg, était reçu docteur en droit, en 1671, et se vit conférer, bientôt après, la dignité de conseiller aulique et d'assesseur au Consistoire, par le duc Bernard de Saxe-Weimar. Il remplit ces fonctions jusqu'en 1678, à la satisfaction du prince, qui l'employa également dans maintes missions diplomatiques. Mais déjà il avait trouvé sa vocation véritable, l'enseignement du droit. Sans titre officiel, semble-t-il, Schilter donnait, à Iéna, des cours particuliers qui étaient fort suivis, et publiait de nombreux ouvrages juridiques; il continua de même, après avoir quitté ses autres fonctions officielles. Il s'était marié, dès 1660, avec Anne-Sibylle Born, fille d'un marchand de Naumbourg, et les deux enfants issus de cette union, un fils et une fille, s'établirent à Iéna. Rien ne semblait donc prédestiner Schilter à se fixer en Alsace, et il y a là pour ses futurs biographes un point obscur à éclaircir. D'après un mot du préteur Ulric Obrecht[1], on pourrait supposer que ce savant jurisconsulte strasbourgeois, placé par Louis XIV à la tête de l'administration de la ville libre, avait fait la connaissance de Schilter en France, où il serait venu, soit pour des études scientifiques, soit pour négocier quelque affaire. En tout cas, Schilter avait « quitté ce service », et vivait en particulier à Francfort-sur-le-Mein, occupé de ses répétitions de droit et de l'impression de ses nombreux ouvrages, quand Obrecht, apprenant par un jeune Strasbourgeois, nommé Feltz, commensal de Schilter à Francfort, que ce dernier accepterait volontiers de nouvelles fonctions, s'entremit activement pour amener dans sa ville natale un jurisconsulte aussi célèbre. Plusieurs des avocats-généraux de la ville, fonc-

[1] Mémorial des XIII, séance du 25 mai 1686.

tionnaires supérieurs d'ordre à la fois politique, administratif et judiciaire, songeaient alors à se démettre d'un emploi qui perdait singulièrement en importance, depuis que le Magistrat avait été mis sous la tutelle d'un syndic et d'un préteur royal. Schilter hésitait entre Strasbourg et Weimar, où s'offrait également une position honorable, quand un autre Alsacien célèbre, le théologien Philippe-Jacques Spener, alors pasteur principal à Francfort, le décida à donner la préférence à Strasbourg. Le 3 août 1686, Schilter annonçait à Messieurs les Treize qu'il acceptait avec reconnaissance l'offre gracieuse de la place d'avocat-général de la ville et de professeur honoraire à l'Université, avec la perspective d'une chaire de titulaire à la vacance prochaine, et, le 14 octobre 1686, il entrait en fonctions, après avoir prêté serment devant le conseil des Vingt-un. Aussi longtemps qu'il put vaquer à ses affaires, le nouvel avocat-général remplit les devoirs de sa charge à la satisfaction de tous ses supérieurs. Le préteur royal Obrecht et son successeur Klinglin, le conseil des XIII, le maréchal d'Huxelles, gouverneur de la province, lui témoignèrent toujours une haute estime; mais, en 1699, les infirmités croissantes de Schilter le rendirent incapable de satisfaire plus longtemps à toutes ses fonctions, et le Magistrat le dispensa d'assister aux séances du Grand-Conseil. Il se consacra, avec d'autant plus de dévouement, à l'autre partie de sa tâche, à l'enseignement juridique et à la publication de ses nombreux et érudits travaux, qui l'avaient fait connaître à toute l'Europe savante et mis en rapports suivis avec Mabillon et Baluze, avec Seckendorf, Conring et Spener, avec Gronovius et Grævius. Quand des rhumatismes articulaires aigus et une douloureuse maladie de la vessie l'eurent à peu près paralysé, il se faisait porter chaque jour de son lit dans son cabinet de travail, pour y faire encore des cours à quelques auditeurs choisis. Sa femme était morte en 1695; ses enfants vivaient loin de lui. Le pauvre vieillard fut soigné par une jeune fille dont le père, Abraham Dieudonné, avait été secrétaire de Turenne, et qu'il adopta, pour la récompenser de ses fidèles services. Il mourut enfin, le 14 mai 1705, « doucement, comme une lampe qui s'éteint, faute d'huile », au dire de son biographe Bartenstein. Le 17 mai suivant, un nombreux cortège le conduisit du poêle du Miroir à sa dernière demeure, et ses collègues académiques, Bartenstein, Feltz et Bœcler célébrèrent à l'envi « sa gloire, également connue en Germanie comme en Gaule, et brillant d'un éclat à nul autre pareil ».

Quelle que puisse être l'exagération habituelle de panégyriques de ce genre, Schilter méritait ces éloges, non seulement comme administrateur et comme jurisconsulte, mais comme savant de premier ordre. De l'avis des juges compétents, il est le représentant de la science du droit le plus remarquable du XVIIe siècle. Tout en enseignant la pratique du droit romain — sa *Praxis juris romani in foro germanico* (3 vol. fol.) a été pendant près d'un siècle, le guide préféré des juristes du Saint-Empire, et a eu huit éditions — il s'est occupé pourtant, de préférence, de l'histoire du droit allemand au moyen-âge, tant public que privé. Personne n'a, comme lui, approfondi ce droit féodal si complexe; il a, le premier, fait connaître les grandes coutumes allemandes du XIIIe siècle, le premier examiné les monuments spéciaux du droit saxon, allémanique, francique, etc., et mis au jour le texte le plus ancien de la loi salique d'après un manuscrit de Paris. Son *Codex juris allemanici feudalis* et maint autre écrit de cette catégorie, ont gardé leur importance pratique jusqu'à la veille de la Révolution. Schilter a également cultivé avec succès le droit canonique, et ses *Institutiones iuris canonici* ont été rééditées par Bœhmer longtemps encore après sa mort.

Mais ce qui excite surtout l'étonnement des générations actuelles et notre admiration pour ce puissant travailleur, c'est qu'il ne s'est nullement confiné dans les différentes branches de sa spécialité. En dehors de ses études professionnelles, Schilter s'est livré à des travaux qui suffiraient, à eux seuls, à recommander sa mémoire. Tout le monde connaît, au moins de nom, son *Thesaurus antiquitatum teutonicarum*, œuvre posthume (Ulm, 1728, 3 vol. fol.), qui renferme tant de documents curieux, alors inédits, les monuments les plus anciens de la littérature allemande, comme le *Krist* d'Otfrit de Wissembourg, et un glossaire du vieux allemand fort remarquable pour l'époque. Les amateurs d'alsatiques connaissent également les *Consilia Argentoratensia*, recueil de jugements et de consultations choisies, publiés pour faire suite aux recueils similaires d'Othon Tabor et de Frédéric Schmid, deux de ses prédécesseurs dans la charge d'avocat-général. Schilter a compilé également le premier code systématique du droit strasbourgeois, le *Jus statutarium municipale reipublicæ Argentoratensis*, en y joignant des commentaires. Promis une première fois au public dès 1845, ce travail de doctrine, d'une importance considérable pour l'étude du développement local du droit allémanique, est encore toujours inédit; mais il en existe des manuscrits d'étendue diverse, selon les besoins pratiques des hommes de loi du XVIIIe siècle qui en avaient fait prendre copie.

Ce ne sont pas cependant tous ces travaux, si dignes d'éloge, qui ont conservé vivant parmi nous le nom de Schilter. Cet honneur, il le doit surtout à l'intérêt, fort rare alors, qu'il portait à notre histoire locale. Poussé peut-être par Obrecht, qui n'oubliait pas qu'il avait écrit jadis l'*Alsaticarum rerum prodomus*, cet immigré saxon rappela, le premier, aux Strasbourgeois qu'ils possédaient une littérature historique locale des plus intéressantes. Son édition *princeps* de la *Chronique allemande et strasbourgeoise* de Jacques de Kœnigshoven, publiée en 1698, est aussi complète et soignée qu'elle pouvait l'être pour l'époque, et la plupart des nombreuses pièces justificatives jointes au texte du chanoine de Saint-Thomas et tirées des archives de la ville libre, ne sont encore connues que grâce à lui. Aussi le massif in-quarto de Schilter occupe-t-il encore une place d'honneur dans mainte famille bourgeoise de notre vieille cité.

Rod. Reuss.

SOURCES : *Catalogus scriptorum* placé à la fin du second tome du *Thesaurus antiquitatum*. — Ibidem, *De vita, obitu et scriptis Johannis Schilteri... commentatio*, fol. 23-42. — Ch. Giraud, *Éloge de Schilter*.

ANT. MEYER, PHOTOG. COLMAR. DÉPOSÉ

STRAUS, ISIDORE

STRAUS, ISIDORE

Né à Dambach, (Bas-Rhin), le 24 mars 1845, fils d'Anselme Straus, négociant, a fait ses études primaires à l'école des frères à Sainte-Marie-aux-Mines, puis ses humanités au lycée de Strasbourg.

Il fit toutes ses études médicales à la faculté de médecine de Strasbourg, où il fut interne des hôpitaux civils et élève de Küss, Morel, Hirtz, Schützenberger, Tourdes et Stolz.

Sa thèse inaugurale, soutenue devant cette faculté en 1868, est une étude de pathologie et d'anatomie pathologique générale intitulée *Essais sur la dégénérescence des muscles*.

L'année suivante, il faisait paraître dans la *Gazette médicale de Strasbourg*, en collaboration avec Mathias Duval, qui avait été son condisciple au lycée de Strasbourg et qui est aujourd'hui son collègue à la Faculté de Paris, des *Recherches expérimentales sur l'inflammation*.

A la même époque, à peine docteur, Straus concourait, grâce à une dispense d'âge spéciale accordée par le ministre, pour l'agrégation de chirurgie et d'accouchement auprès de la Faculté de Strasbourg. Il présenta pour ce concours une thèse sur *Les ruptures du périnée chez la femme et leur traitement*. Les docteurs Jœssel et Gross l'emportèrent sur lui.

Survint la guerre de 1870. Straus fut envoyé par le comité de secours aux blessés à Frœschwiller. Il fut l'un des premiers médecins qui donnèrent des soins aux blessés sur le champ de bataille et dans les ambulances de Haguenau, où il prit la direction d'un service important. Après l'évacuation de ces blessés, et Strasbourg étant bloqué, il put gagner Paris, où il servit, durant le siège, en qualité de médecin-major au 144ᵉ bataillon de marche de la garde nationale, qui prit part à la bataille de Buzenval.

Après l'annexion de l'Alsace, Straus quitta Strasbourg et s'établit à Paris. Jusqu'alors il avait cherché sa voie; il s'était consacré à toutes les branches de la science médicale; à Paris il se voua à la médecine proprement dite et à la médecine expérimentale, où il acquit rapidement une autorité considérable.

Il aborda résolument les concours, si redoutés même par les anciens internes des hôpitaux de Paris. En 1873, il fut nommé chef de clinique médicale de la Faculté à l'Hôtel-Dieu. En 1875, il se présenta une première fois au concours de l'agrégation en médecine; il échoua malgré une thèse remarquée sur *Les contractures*. En 1876, il fut nommé médecin des hôpitaux de Paris, et deux ans plus tard il était reçu, à la suite d'un nouveau et brillant concours, agrégé à la Faculté de médecine, le premier de sa promotion. Sa dernière thèse de concours portait sur *Les Ictères chroniques*.

A partir de ce moment, il s'occupa spécialement de recherches anatomo-pathologiques et bactériologiques. Il entra dans le laboratoire de Pasteur, où il put s'initier aux méthodes, alors toutes nouvelles, de cet illustre savant. Lorsqu'en 1883, le choléra éclata en Egypte, il fut, sur la désignation de Pasteur, choisi comme chef de la mission française chargée d'étudier la maladie dans ce pays. On lui avait adjoint Roux, Nocard et Thuillier. On sait que ce dernier mourut à Alexandrie, d'une atteinte de l'épidémie qu'il étudiait. Au retour de cette périlleuse expédition scientifique, aussi glorieuse pour un savant qu'une campagne pour un soldat, Straus fut nommé chevalier de la Légion d'honneur.

En 1888, à la mort du célèbre Vulpian, Straus lui succéda dans la chaire de pathologie expérimentale à la Faculté de médecine de Paris.

Les nombreux travaux publiés par Straus concernent surtout la pathologie expérimentale et la bactériologie. Nous citerons particulièrement :

Du rôle des microorganismes dans la production de la suppuration.

Sur la dégénérescence amyloïde des reins.

Sur les altérations histologiques du rein à la suite de la ligature de l'uretère.

Des lésions rénales dans leurs rapports avec l'hypertrophie cardiaque.

Contribution à l'étude des lésions histologiques du rein dans le diabète sucré.

Recherches expérimentales sur la transmission des maladies virulentes, en particulier du charbon, de la mère au fœtus. (Étude de l'hérédité infectieuse), en collaboration avec Chamberland.

La maladie charbonneuse a été pour Straus l'objet d'une étude très approfondie. Il a fait paraître, en 1888, un livre intitulé : *Le charbon des animaux et de l'homme*, qui est la monographie la plus complète sur cette matière, et qui est devenu classique.

Mentionnons aussi :

Recherches anatomiques et expérimentales sur le choléra, en collaboration avec Roux, Nocard et Thuillier.

Sur la virulence du bubon qui accompagne le chancre mou.

Sur la durée de la vie des microbes pathogènes dans l'eau, en collaboration avec Dubarry.

Sur l'absence de microbes dans l'air expiré, constatation très importante, car elle démontre, contrairement à l'opinion admise, que l'haleine des malades n'est jamais une cause de contagion.

Sur un procédé perfectionné d'analyse bactériologique de l'air, en collaboration avec R. Wurtz.

Essais de vaccination contre la morve. Ce travail établit pour la première fois la possibilité de rendre certains animaux (chiens) réfractaires à la morve.

Recherches expérimentales sur la vaccine.

Straus est en outre l'auteur d'un certain nombre d'articles importants du *Dictionnaire de médecine et de chirurgie pratiques,* entre autres : *Embolie,* en collaboration avec le professeur Hirtz ; *Hydropisie, Lait, Muscles, Sueurs, Syncope.*

Il fait partie du comité de rédaction des *Annales de l'Institut Pasteur,* et il est l'un des fondateurs et des collaborateurs les plus actifs des *Archives de médecine expérimentale et d'anatomie pathologique.* Ce recueil est devenu un des organes les plus estimés de la médecine scientifique en France.

Enfin Straus vient de mettre sous presse (1891) un *Traité de bactériologie,* exposé complet de cette science qui a révolutionné la médecine.

On trouve assurément peu de carrières aussi brillantes et aussi méritoires que celle de cet enfant d'un village alsacien qui, né dans une condition très modeste, arrivé à Paris sans fortune et sans relations, occupe aujourd'hui l'un des premiers rangs dans la science médicale. Les rares professeurs survivants de l'ancienne Faculté de médecine de Strasbourg peuvent être fiers de l'élève qui porte si vaillamment à la Faculté de Paris le drapeau de leur école. Quant aux vieux camarades de Straus, ils reconnaissent en lui l'un des médecins qui honorent le plus leur génération.

Dr HUMMEL.

ANT. MEYER, PHOTOG. COLMAR. DÉPOSÉ

LAURENT-ATHALIN, Gaston-Marie

LAURENT-ATTHALIN
GASTON-MARIE

Est né à Colmar, le 24 octobre 1848. Il est le petit-fils par adoption du général baron Atthalin, dont le nom est intimement lié à l'histoire des campagnes de l'Empire et à celle du gouvernement de Juillet, et qui lui-même appartenait à une vieille famille parlementaire d'Alsace. La tradition que son titre d'aîné l'appelait à continuer, semblait devoir lui ménager le siège autrefois occupé à la Cour de Colmar par son arrière-grand-père. Exilé de sa ville natale à la suite de l'annexion de l'Alsace, c'est à la magistrature parisienne qu'il appartient aujourd'hui depuis douze ans. Dans ce milieu d'élite, il a su se faire un nom.

C'est à la suite de la Révolution de Février que son père, alors auditeur au Conseil d'Etat, avait quitté Paris et était revenu se fixer à Colmar. Il y demeura durant tout l'Empire, vivant dans la retraite, s'adonnant en paix à ses goûts de lettré et d'artiste, et cultivant son jardin, avec la sérénité du sage qui a vu sans s'émouvoir sa carrière brisée et se promet de revivre en celle de ses enfants. Les premières années de Gaston se sont écoulées toutes dans le vieil hôtel familial du faubourg de Bâle, dont la grande porte donne encore sur la ville, tandis que les hautes fenêtres s'ouvrent sur la perspective indéfinie des vergers de la banlieue. Un heureux équilibre de divertissements et de travail présida à son éducation, sous la surveillance d'un père aussi soucieux de lui procurer les plaisirs de l'enfance que capable de le diriger lui-même en ses études : aussi furent-elles rapides et brillantes — ses condisciples du lycée de Colmar en gardent encore le souvenir — et le moment vint trop tôt à son gré où le jeune homme dut quitter la maison chère qu'il ne croyait pas quitter pour toujours.

Il commença son droit à la Faculté de Strasbourg (1866), puis le continua à celle de Paris (1867), pour déférer au vœu de sa grand'mère, la baronne Atthalin, qui passait les hivers à Paris. Ceux qui l'ont connu alors, savent que ce temps de la vie, si facile et plein d'imprévu pour d'autres, fut pour lui un temps d'étude ininterrompue et austère. Jusque-là il n'avait été qu'un esprit bien doué et cultivé à l'avenant; il se révéla tout à coup grand travailleur. Il l'est resté. Après avoir conquis le grade de licencié en droit (11 août 1869), il demeura à Paris pour y faire ses études de doctorat. Mais l'année fatale les interrompit : la guerre déclarée, son grade de lieutenant de la garde nationale mobile l'appelait un des premiers à la frontière.

En cette qualité il fit partie de l'armée du Rhin et de la garnison de Neuf-Brisach, de cette petite garnison inexpérimentée et vaillante, qui défendit de son mieux une place à peu près dépourvue d'autres moyens de défense. Les fatigues inaccoutumées des exercices, de la préparation au siège et du siège lui-même éprouvèrent gravement sa santé ; mais il tint jusqu'au bout, et, à la reddition de la place, fut emmené en captivité à Leipzig, plus tard transféré à Offenbourg, où ses parents purent le voir et apporter quelque joie à son isolement. Ce temps d'épreuve est resté vivace en sa mémoire, et il en a fixé le souvenir en quelques pages émues, publiées en collaboration avec M. Ch. Risler (*Neuf-Brisach, Souvenirs de siège et de capti-*

vité. Paris, Berger-Levrault, 1873. 2ᵉ éd. 1881).
C'est un petit livre de bonne foi, une relation simple et impartiale, avec pièces à l'appui, où l'auteur, parlant de ce qu'il a vu et fait, a trouvé moyen — ce seul trait le juge — de n'écrire son nom que sur la page de titre.

Rentré en France et rendu à ses études, Atthalin a pourtant conservé le grade que lui assuraient ses débuts militaires et l'expérience chèrement acquise : il a été nommé successivement sous-lieutenant de réserve au 119ᵉ de ligne (1875) et lieutenant de l'armée territoriale (1882).

Inscrit au barreau de Paris depuis 1869, il y reprit au printemps de 1871 son stage interrompu et la préparation de son doctorat. Sa thèse, soutenue deux ans après (27 mars 1873), ne fut pas seulement le couronnement de fortes et consciencieuses études : c'est mieux encore, c'est *un livre* dans toute la force de l'expression. Le jeune docteur avait choisi deux sujets, l'un d'érudition juridique, encore obscur malgré les textes clair-semés qui le définissent et les traités qui ont essayé de l'éclaicir, l'autre d'une haute portée sociale et bien digne de l'étude d'ensemble, à la fois historique et pratique, qu'il lui consacrait (*Etude sur l'Obligation littérale en droit romain. Du Convol en nouvelles noces en droit français*. Paris, Lahure, 1873, in-8°, 604 pp.). En lisant cette œuvre d'un débutant de vingt-quatre ans, on ne peut s'empêcher, quelque notoriété qu'il ait acquise dans sa carrière, de regretter que ses goûts ne l'aient point porté plutôt vers l'enseignement du droit et la littérature juridique, qu'il eût certainement enrichie, qu'il enrichira sans doute encore, si quelque jour des fonctions moins absorbantes lui en laissent le loisir.

Aussitôt après son doctorat, Atthalin fut attaché au Ministère de la justice, direction des affaires criminelles, et y resta cinq ans, cumulant ce service gratuit avec la charge moins lourde, mais également honorable et désintéressée, de secrétaire de la conférence des avocats. C'est à ce moment aussi que se place son mariage (1874) avec Mademoiselle Chaperon, fille de l'ancien directeur de la Compagnie Paris-Lyon-Méditerranée, de l'ingénieur distingué qui avait autrefois construit la ligne du chemin de fer de Mulhouse à Bâle, et dont la famille avait, comme celle d'Atthalin, de nombreuses attaches avec l'Alsace.

En 1878 enfin, il prit place dans la magistrature comme juge suppléant au tribunal de la Seine. La même année, en octobre, il reçut une autre marque de la haute estime en laquelle le tenait M. Dufaure, alors ministre de la justice : il fut nommé membre et secrétaire de la commission instituée en vue de la révision du Code d'instruction criminelle. Ce choix ne visait pas seulement le magistrat et le jurisconsulte, mais aussi et surtout l'esprit éclairé, pondéré, équitable, également éloigné du parti pris qui traite l'accusé en coupable, et des utopies qui n'iraient à rien moins qu'à lui permettre de se jouer de la justice. Au surplus, il allait être bientôt en mesure de donner à ses idées, mûries par l'expérience, la pratique du Code et l'étude des dossiers, la sanction de l'application courante et journalière : en août 1880, il était chargé de l'instruction criminelle, et, en 1883, on le nommait juge d'instruction titulaire. C'est le poste qu'il occupe encore aujourd'hui. Le 1er janvier 1889, il a été élevé à la dignité de chevalier de la Légion d'honneur.

Nous ne le suivrons pas au Palais, dans ce cabinet fermé aux indiscrets, qu'il sait défendre même contre les envahissantes libertés de la presse. Nous ne redirons pas, à la suite des journaux, le détail des affaires qu'il a instruites, toujours avec cette aménité qui n'exclut point la réserve, la clairvoyance et la vigueur, avec cette rare et parfaite courtoisie à laquelle parfois les accusés eux-mêmes se plaisent à rendre hommage. Mais il nous faut bien rappeler tout au moins que, dès à présent, et à un titre moins modeste qu'il ne paraît au premier abord, le nom d'Atthalin appartient à l'histoire. Il fut chargé, en 1887-88, d'abord de l'affaire dite « des Décorations », puis de l'information contre M. Wilson, qui fut suivie de débats restés célèbres. En 1889, le parquet remettait entre ses mains l'instruction de l'affaire dite « de la Ligue des patriotes », première phase de la défense organisée contre une conspiration latente trop longtemps impunie et toute prête à éclater. C'est lui qui le premier mit la main sur les fils de cette immense intrigue qui, sous le voile du patriotisme et de la défense nationale, avait couvert Paris d'un réseau de postes stratégiques et tracé le plan d'une savante insurrection. Il fut ensuite chargé de diverses missions judiciaires par la commission d'instruction du Sénat qui eut à se prononcer sur la mise en accusation du général Boulanger. Il a donc joué un rôle, obscur sans doute et d'autant plus actif, dans le procès fameux qui a mis fin à la plus immonde aventure où jamais peut-être la fortune et l'honneur d'un grand pays aient failli sombrer. Je ne sais si je me trompe; mais il me semble que le témoignage qu'il se rendra d'avoir fait en ces occurrences tout son devoir, sans passion comme sans faiblesse, sera pour Atthalin le meilleur de ces souvenirs sur lesquels, en songeant à la fin de sa carrière, on se prend parfois à méditer la douce et mélancolique pensée du poète : *olim meminisse juvabit.* V. H.

ANT. MEYER, PHOTOG. COLMAR						DÉPOSÉ

L'ABBÉ GUTHLIN, ALOYSE

GUTHLIN, Aloyse

EST né à Folgensbourg, canton de Huningue, le 28 décembre 1828. Son éducation fut en grande partie son œuvre. « Dans la vieille famille à laquelle il appartenait, dit de lui son biographe, une sorte de dignité morale, alliée au goût des choses de l'esprit, s'était transmise comme un patrimoine et se manifestait jusque dans l'expression des physionomies. La passion de lire y était si vive qu'on y consacrait jusqu'aux heures du repas, au retour des champs. » Son premier maître fut le curé du village, M. l'abbé Faninger, qui prit plaisir à former cette jeune intelligence. Ces adoptions sont fréquentes dans le clergé; quand elle tombe sur un sujet d'élite, c'est l'équivalent le plus pur de la paternité qui lui est interdite, et souvent elle prépare au sacerdoce par une sorte de cooptation anticipée. La vocation du jeune Aloyse ne fut pas douteuse, et il entra au séminaire de Strasbourg au mois de novembre 1847. Après avoir terminé sa théologie, il songea un instant à se faire dominicain; mais il se ravisa et, en 1852, il fut nommé professeur d'une classe de grammaire au collège épiscopal de Saint-Arbogaste. Il y trouva, comme directeur, M. Freppel, le futur évêque d'Angers, avec lequel il ébaucha une traduction de la Mystique de Goerres, que M. Ch. de Sainte-Foi fit connaître dans la suite aux lecteurs français.

Deux ans après, il fut appelé à enseigner la philosophie au gymnase catholique de Colmar.

« Bien que voué tout entier à sa classe et à des travaux purement spéculatifs, il n'était pas si fermé au bruit du dehors qu'il n'entendit l'écho des commotions politiques et sociales. » Quand la Pologne, en 1863, tenta une fois de plus de briser ses chaînes, « M. Guthlin ne put se tenir de jeter le cri de son cœur dans des pages enflammées : *Le Réveil de la Pologne*, (2ᵉ édition, Paris, 1863, in-8°) qui lui valurent les éloges publics et plus tard la visite de Montalembert », quand l'illustre écrivain vint poursuivre en Alsace ses recherches pour l'Histoire des moines d'occident. Le *Problème politique de notre temps* est un autre de ses écrits inspirés par les circonstances. Mais son œuvre capitale, c'est la réfutation de la philosophie d'Aug. Comte : *Les Doctrines positivistes en France*, publiée d'abord en 1865, et dont il parut une nouvelle édition, considérablement augmentée, à Paris, 1872, in-8°.

D'autres naissent philologues, mathématiciens, naturalistes, historiens : M. Guthlin était né métaphysicien. Il avait horreur du dédain avec lequel l'école écartait la métaphysique du cycle des connaissances humaines, et il entreprit de la réhabiliter. Cependant si elle répond toujours aux aspirations innées du cœur et aux conditions nécessaires de l'ordre social actuel, il n'en est pas moins vrai que, de notre temps, il devient de plus en plus difficile de la mettre d'accord avec la conception plus large que nous nous faisons de l'univers et de l'homme. Ce travail avait été interrompu par un séjour prolongé à Rome, au moment du concile du Vatican, où son évêque, Mgr Ræss, l'avait amené comme théologien. On sait la réponse que les événements firent à la promulgation du nouveau dogme de l'infaillibilité. La papauté cessa de compter comme puissance temporelle, et la conquête fit de l'Alsace une autre Pologne. L'enseignement du gymnase catholique de Colmar était dès lors bien compromis. Appelé à Orléans par Mgr Dupanloup, M. Guthlin prit le parti de s'exiler. Comme chanoine et comme vicaire général, il devint le collaborateur, je dirais presque l'*alter ego* de l'éminent prélat, dans toutes ses luttes pour la défense de l'Église. Pendant les loisirs que lui laissaient ses fonctions, il entreprit de donner une nouvelle édition des Pensées de Pascal sur un plan différent. Mais la mort vint inopinément le surprendre au cours de ses projets. Il avait été passer les vacances de 1878 avec Mgr Dupanloup, au château de Lacombe dans le Dauphiné, quand, le 20 août, à la veille d'un voyage en Alsace, il fut enlevé en quelques heures, par une apoplexie séreuse. Mort en lointain pays, ses restes du moins nous sont revenus : la piété de ses amis les a confiés à l'humble cimetière de son village natal.

M. Guthlin est mort trop jeune pour donner toute la mesure de sa valeur. Il n'avait guère pu se faire apprécier que de ses élèves et de ses amis. Si sa mémoire survit, il le devra à l'un d'eux, M. Léon Lefébure, qui, en quelques pages émues, nous a raconté cette existence trop tôt brisée. Il y a reproduit quelques conversations réellement dignes d'être recueillies, l'une d'elles surtout (page 33 et suivantes), à l'occasion d'une promenade automnale d'Orbey aux Trois-Epis. M. Guthlin s'y révèle autant comme poète que comme penseur. Mon seul regret est de ne pouvoir insérer ici cette page, l'une des plus belles qui se puissent lire.

X. MOSSMANN

SOURCE : L'abbé A. Guthlin, professeur de philosophie au collège libre de Colmar, par L. Lefébure. — Colmar, 1888, in-8º.

Charles SCHMIDT

SCHMIDT, CHARLES

L'un des plus savants parmi les théologiens protestants de marque qu'a produits l'Alsace, et le doyen d'âge actuel des historiens qui se sont consacrés à l'étude du passé de notre province.

M. Charles-Guillaume-Adolphe Schmidt est né en 1812, à Strasbourg, où son père était libraire-éditeur. Après avoir terminé ses études au Gymnase protestant, il suivit les cours préparatoires du Séminaire et, à partir de 1830, ceux de la faculté de théologie. M. Schmidt se consacra, dès l'abord, à l'étude de l'histoire ecclésiastique, et comme il désirait entrer dans la carrière académique, il conquit rapidement les différents diplômes qui devaient lui en ouvrir l'accès. Bachelier en théologie en 1834, licencié en 1835, il était reçu docteur dès 1836, et, l'année d'après, commençait ses cours, comme agrégé libre, au Séminaire protestant de sa ville natale. Deux ans plus tard, en 1839, la chaire de théologie pratique venant à vaquer et bien que ses études favorites ne le portassent guère de ce côté, le jeune agrégé la sollicita et y fut nommé, comme aussi plus tard, en 1843, à la même chaire de la faculté de théologie. Mais cet enseignement officiel, qui l'occupa pendant un quart de siècle, n'influa pas autrement sur ses travaux et l'on peut négliger ici les rares écrits (opuscules théoriques et sermons) qui s'y rattachent, dans l'œuvre si considérable du savant historien.

En 1849, M. Ch. Schmidt succéda à M. le doyen Bruch dans la direction du Gymnase protestant, et remplit ces fonctions pendant une dizaine d'années, pour les reprendre encore une fois, de 1865 à 1868. En 1864, la mort de M. André Jung, professeur d'histoire ecclésiastique à la Faculté et au Séminaire, et conservateur des deux bibliothèques de Strasbourg, permit enfin à M. Schmidt de s'occuper, officiellement aussi, de l'enseignement de sa discipline préférée. Il fut le successeur de M. Jung dans sa chaire d'histoire ecclésiastique au Séminaire, jusqu'à la suppression de cet établissement en 1872, et à la faculté, jusqu'en 1877, date à laquelle il a demandé et obtenu sa retraite après quarante années de labeur académique. Depuis M. Ch. Schmidt a vécu tranquille et solitaire, dans sa vieille maison de chanoine de Saint-Thomas, à l'abri des ombrages touffus qui cachent son cabinet de travail, toujours laborieux comme un bénédictin d'autrefois, cherchant et trouvant dans un travail sans relâche la consolation, ou du moins l'adoucissement de bien des épreuves intimes, comme aussi des vicissitudes du dehors.

La vie d'un savant pareil est presque toute entière dans ses livres. Quand on parcourt la liste de ceux qui sont sortis de la plume de M. Charles Schmidt, on éprouve tout d'abord un sentiment d'étonnement à en constater le nombre, comme aussi la diversité des sujets qu'il a traités. Cet étonnement se change en respect, quand un examen plus approfondi permet de s'assurer avec quelle compétence, toujours la même, il a suffi à sa tâche. Il ne saurait être question de donner ici la bibliographie complète des travaux de l'auteur. A moins que M. Schmidt ne l'ait dressée lui-même, la besogne ne sera point facile pour son biographe futur. Le nombre des mémoires érudits et des articles divers que M. Schmidt a semés, durant sa longue carrière, dans des revues spéciales (*Studien und Kritiken*, *Zeitschrift für historische Theologie*, *Realencyclopädie* de Herzog, *Strassburger Beiträge zu den theologischen Wissenschaften*, *Evangelischer Kalender* de Piper, *Revue d'Alsace*, *Bulletin des Monuments historiques*, *Bulletin de la Société indus-*

trielle de Mulhouse, Encyclopédie des sciences religieuses de Lichtenberger, etc.) et qu'il a dédaigné de réunir en volumes, comme on le fait d'ordinaire aujourd'hui, est si considérable que la liste seule exigerait plusieurs pages de ce recueil; l'énumération de ses ouvrages plus volumineux suffit pour nous faire dépasser la limite usuelle de nos notices.

Comme théologien, M. Schmidt a cultivé surtout deux domaines de l'histoire ecclésiastique, l'histoire des mystiques et des sectes hérétiques du moyen-âge, et celle de la Réforme, plus particulièrement de la Réforme française. Au premier groupe se rattachent l'*Essai sur les mystiques du XIVe siècle*, Strasbourg, 1836, in-4°; l'*Essai sur Jean Gerson, chancelier de l'Université de Paris*, Strasb., 1839, in-8°; la biographie du célèbre dominicain Tauler (*Johann Tauler von Strassburg*, Hambourg, 1841, in-8°), et l'ouvrage capital de son âge mûr, l'*Histoire et doctrine de la secte des Cathares ou Albigeois*, Paris, 1849, 2 vol. in-8°, couronné par l'Académie des Inscriptions et Belles-lettres et resté, à quarante ans de distance, l'étude la plus complète sur la matière. Plus tard M. Schmidt est revenu à ces études en publiant le *Livre des neuf rochers* du mystique strasbourgeois Rulman Merswin, Leipzig, 1859, in-8°, et, en dernier lieu, par son volume sur l'hérétique Nicolas de Bâle (*Leben und Werke Nikolaus von Basel*, Vienne, 1866, in-8°).

Les écrits du professeur strasbourgeois sur la Réforme ne sont guère moins nombreux. Il y débuta jadis par les *Études sur Farel*, Strasb., 1834, in-4°. Bientôt après il écrivit une biographie de Pierre Martyr Vermigli, Strasb, 1835, in-4°, qu'il devait reprendre plus tard, en la développant, dans la belle collection des *Biographies des fondateurs de l'Église réformée et de l'Église luthérienne*, publiées par un éditeur allemand (*Peter Martyr Vermigli's Leben und Werke*, Elberfeld, 1858, in-8°). Le talent de l'auteur avait mûri, quand il fit paraître son *Gérard Roussel, prédicateur de la reine Marguerite de Navarre*, Strasb., 1845, in-8°, et, dix ans plus tard, son beau livre sur *la Vie et les travaux de Jean Sturm*, le fondateur et le premier recteur du Gymnase et de l'Académie de Strasbourg, Strasb., 1855, in-8°. Son étude sur l'influence des théologiens strasbourgeois dans les querelles religieuses du Palatinat (*Der Antheil der Strassburger an der Reformation der Churpfalz*, Strassb, 1856, in-18°); sa volumineuse et savante *Vie de Mélanchthon*, Elberfeld, 1861, in-8°, montrèrent qu'il connaissait aussi bien l'histoire de la Réforme allemande que celle de la France. C'est à cette dernière encore que se rattache la collection des *Traités mystiques, écrits de 1547 à 1549*, publiée à Genève en 1876, et un recueil de *Poésies huguenotes du XVIᵉ siècle*, imprimé dans la même ville en 1882. Enfin c'est à cet endroit que nous devons signaler la traduction que M. Schmidt a donnée d'un livre de l'historien G. Soldan, de Giessen : *La France et la Saint-Barthélémy*, Paris, 1855, in-8°. — Avant de quitter les ouvrages théologiques de M. Schmidt, il nous reste à mentionner deux ouvrages de haute importance, dont l'un se rapporte aux origines de l'Eglise chrétienne; c'est un travail déjà ancien, l'*Essai historique sur la société civile dans le monde romain et sa transformation par le christianisme*, couronné par l'Académie française, Paris, 1853, in-8°. L'autre appartient à la verte vieillesse de l'auteur et résume avec autorité une partie de son long enseignement académique; c'est l'*Histoire de l'Eglise chrétienne au moyen-âge*, Paris, 1883, in-8°.

Une troisième catégorie, et non la moins importante, des travaux de M. Schmidt se rapporte directement à l'histoire de l'Alsace. On a vu que, parmi ses ouvrages de théologie, plus d'un déjà se rattachait au passé de son pays natal. A mesure que l'âge est venu, que l'intérêt de certaines questions diminuait pour lui, ou que les questions elles-mêmes lui semblaient épuisées, le savant professeur s'est détourné de la théologie pour se vouer de préférence à l'histoire littéraire, à l'histoire des mœurs en Alsace, à des recherches sur la topographie de Strasbourg, etc. Il s'y était exercé de bonne heure : dès 1842, à l'occasion du Congrès scientifique tenu dans nos murs, il publiait une *Notice sur Strasbourg*, volume compact et qu'on consultera toujours utilement, quand on voudra se faire une idée exacte du Strasbourg d'alors. En 1860, il fit paraître son *Histoire du Chapitre de Saint-Thomas de Strasbourg pendant le moyen-âge*, Strasb., 1860, in-4°, travail précieux, non-seulement pour l'histoire ecclésiastique locale, mais pour celle du mouvement intellectuel en Alsace. En 1871 parurent, sous le voile de l'anonyme, les curieuses recherches sur les noms des rues et des maisons de Strasbourg au moyen-âge, études dont l'auteur a donné récemment une édition nouvelle, revue, augmentée et signée de son nom (*Strassburger Gassen- und Hæusernamen im Mittelalter*, Strassb., 1889, in-8°). Ce sont également des recherches de première main que renferme son volume sur les plus anciennes bibliothèques et les premiers imprimeurs de Strasbourg (*Zur Geschichte der ælltesten Bibliotheken und Buchdrucker Strassburg's*. Strassb., 1882, in-8°.) Dans ces dernières années, M. Schmidt a porté plus spécialement son attention sur les humanistes alsaciens du xve et du xvie siècle, et grâce à de patientes et fructueuses investigations, il est devenu une autorité pour les travailleurs courageux qui défrichent ce champ d'études aussi attrayant que peu connu. Après avoir préludé à un travail d'ensemble par de nombreuses monographies, publiées principalement dans la *Revue d'Alsace*, M. Schmidt nous a donné son *Histoire littéraire de l'Alsace à la fin du XVe et au commencement du XVIe siècle*. Paris, 1877, 2 vol. in-8°. Ce livre qui a valu derechef à M. Schmidt l'une des couronnes de l'Institut, témoigne d'une érudition prodigieuse, toujours sûre d'elle-même. Si l'on y désire parfois, comme dans d'autres ouvrages de l'auteur, un peu plus de vie et de couleur, on se console aisément de l'absence de ce don, fatal à tant d'historiens qui en abusent, par l'abondance des faits nouveaux et des données précises que M. Schmidt sait réunir sur tous les sujets qu'il traite, en les renouvelant, quand d'autres les ont traités avant lui, en les créant le plus souvent, pour ainsi dire, à l'aide de documents qu'il est le premier à découvrir ou du moins à mettre en œuvre. Il en a fourni la preuve la plus convaincante, il y a peu de mois seulement, dans l'attrayante biographie d'un humaniste, qui vécut longtemps en Alsace, de Michel Schütz, dont il a reconstitué l'aventureuse existence, avec mille détails curieux, à l'aide de pièces d'archives inédites ou d'imprimés rarissimes (*Michael Schütz, genannt Toxites*. Strassb., 1889, in-8°).

M. Charles Schmidt a depuis longtemps atteint l'âge où beaucoup d'autres se reposent, sans avoir travaillé comme lui. Nous souhaitons pour le savant professeur de Strasbourg, mais nous souhaitons surtout aussi pour nous, qu'il ne se repose pas de longtemps encore. Les historiens alsaciens qui le suivent, ont encore trop besoin de son exemple et de ses leçons.

Rod. Reuss.

ANT. MEYER, PHOTOG. COLMAR   DÉPOSÉ

ZEYSS, François Frédéric-Ernest

ZEYS, François-Frédéric-Ernest

EST né à Wissembourg, le 19 octobre 1835. Il fit ses études à l'ancien collège de Colmar, son droit à Strasbourg, où il fut reçu licencié, le 4 janvier 1858. Le 4 juin, il prêta le serment d'avocat à la cour impériale de Colmar; mais il termina son stage à Paris.

Fils et petit-fils de magistrat, il se destinait à la même carrière. Le gouvernement l'envoya, avant l'âge, comme juge de paix en Algérie, où il arriva dans les premiers jours de l'année 1861. Lui-même a raconté ses débuts : venant de quitter sa famille, ses amis, le plus beau pays du monde, il se considérait comme exilé au milieu d'une population à peine civilisée, comme abandonné de l'univers entier. Pendant six mois, il implora son rappel dans chacune de ses lettres. Peu à peu cependant, il cessa de se complaire dans l'amertume de ses regrets; il sortit de lui-même, il ouvrit les yeux et regarda autour de lui : il était guéri de sa nostalgie.

A vrai dire, ce qui le sauva, c'est qu'il avait à son arc d'autres cordes encore que le droit. N'étant encore qu'avocat stagiaire à Colmar, il s'était laissé aller à sa fantaisie, il avait pris les chemins de traverse et fait l'école buissonnière du côté des lettres : il n'y a rien de tel pour rendre l'esprit compréhensif et lui donner plus d'ouverture. Ses premiers essais signés du pseudonyme d'Henri Balesta, avaient même eu l'honneur de figurer au rez-de-chaussée de la feuille locale, le *Glaneur*, où leur jeune auteur avait goûté, pour la première fois, le plaisir de se voir imprimé. Ces délassements lui avaient appris que, sans faire tort à sa tâche journalière, il n'était pas impossible d'employer ses loisirs à d'autres études. Appelé à rendre la justice, au nom de la France, en pays arabe, il se mit à étudier la langue de ses justiciables et les monuments de leur droit : il y trouva un solide aliment pour l'incessante activité de son esprit, en même temps que plus de lumières pour remplir ses fonctions.

Venus de la métropole le code civil à la main, habitués à le considérer comme leur évangile et le dernier mot de la science, les magistrats français avaient compris cependant qu'ils devaient rendre léger aux indigènes le joug de la conquête, respecter, dans la mesure du possible, leurs coutumes et leurs croyances, entrer en composition avec leurs idées. C'est ainsi qu'ils ont posé les assises d'un droit composite, qui est devenu peu à peu le droit musulman algérien. Au fond ils ne le considèrent cependant que comme une jurisprudence de transition, en attendant que Berbères et Kabyles cessent de confondre la loi civile avec la loi religieuse et de la lui subordonner. Quand au regard d'une civilisation inférieure, la conquête comprend ainsi sa mission, qui ne la proclamerait pas féconde et bienfaisante, c'est-à-dire légitime ?

Notre jeune Alsacien prit une large part à cette œuvre d'apaisement et d'assimilation. Nul plus que lui n'a pénétré les mystères de la loi musulmane. Il consacra ses veilles à la commenter et à l'éclaircir, et ses traités sont devenus des corps de doctrine dont l'autorité est admise devant toutes les juridictions. Ils ont fait leur chemin non seulement dans l'Afrique française, mais encore en Orient, où ils ont été traduits en arabe.

C'est ainsi que, par la part même qu'il prenait à

cette grande œuvre, M. Zeys arriva peu à peu à considérer l'Algérie comme une seconde patrie. Elle devint même son unique patrie, quand la paix de Francfort rompit ses attaches avec sa chère Alsace. « Ce jour-là, dit-il encore, plus heureux, moins malheureux plutôt que bien d'autres de mes compatriotes, au lieu de préparer et d'accomplir mon exode sous les yeux du vainqueur, je me trouvai avoir un foyer, une famille, des amis. »

Promu d'abord juge, puis président au tribunal de Bône, il fut nommé plus tard, avec ce dernier titre, au siège de Tlemcen. Ces déplacements le familiarisèrent avec les différentes provinces de l'Algérie, dont il apprit à distinguer les sites et les mœurs. Avec ce goût des lettres qui l'a suivi partout, il s'est même plu à décrire, sous le pseudonyme de M. de Lorral, *Tlemcen et ses environs*, dans le Tour du Monde de 1875.

Ces infidélités à Thémis ne firent aucun tort à son avancement. Le 6 avril 1877, il fut appelé comme conseiller à la cour d'Alger. Il se fit si bien apprécier comme jurisconsulte arabisant, que, trois ans après, il fut nommé à une chaire de droit musulman à l'école de droit; il s'y montra supérieur comme dans ses livres. A Bône il avait du reste déjà montré combien l'instruction à tous ses degrés lui tenait à cœur, en fondant un groupe de la Ligue de l'enseignement, qui, de l'Alsace, s'était étendue jusqu'en Algérie. L'œuvre s'était également propagée à Alger, qui lui doit un lycée de jeunes filles auquel, depuis son arrivée, M. Zeys prête son bienveillant appui.

Ses grands services dans l'administration de la justice l'avaient conduit du dernier échelon aux rangs supérieurs de la hiérarchie. A la mort de M. le premier président Cammartin, le gouvernement ne trouva que ce fils de l'Alsace pour remplacer ce magistrat, ce jurisconsulte éminent. Le 10 octobre 1888, il fut solennellement installé, comme chef suprême de la magistrature algérienne, Ce sera peut-être le couronnement de sa carrière, mais non celui de ses travaux.

La mort des siens, la dispersion de ses contemporains, une si longue absence et l'éloignement ont peut-être habitué M. Zeys à considérer l'Alsace comme une terre étrangère. En le faisant figurer dans ce panthéon de nos illustrations, nous avons voulu lui montrer que ses liens avec le pays natal ne sont pas rompus. Puisse-t-il ne jamais l'oublier!

X. Mossmann

www.ingramcontent.com/pod-product-compliance
Lightning Source LLC
Chambersburg PA
CBHW050640170426
43200CB00008B/1092